Carsten Dethlefs

Bei Lichte betrachtet

Deutschland aus dem Blickwinkel eines Blinden

Bibliografische Information der Deutschen Nationalbibliothek:
Die Deutsche Nationalbibliothek verzeichnet diese Publikation in der Deutschen Nationalbiblio-
grafie; detaillierte bibliografische Daten sind im Internet über http://dnb.dnb.de abrufbar.

Fotos aus Privatbesitz;
Coverbild: iStock.com/nnorozoff, Abbildung auf Seite 104: Pressebild.de/Bertold Fabricius
Umschlaggestaltung: Michael Schmill
Layout und Lektorat: Susanne Junge
Korrektorat: Books on Demand, Norderstedt

Herstellung und Verlag: BoD – Books on Demand, Norderstedt
ISBN: 978-3-7494-4741-1

Inhaltsverzeichnis

Vorwort

Liebe Leserin, lieber Leser,

halten Sie sich jetzt gut fest, falls Sie noch eine Hand frei haben, denn auf den folgenden Seiten geht es mal richtig zur Sache. Für manche Leser mag es eine Sozialstaatskritik sein, für andere ein asoziales Buch, wieder für andere ein neoliberales Machwerk oder aber ein Zeugnis der Selbstverliebtheit des Autors. Die Wahrheit liegt natürlich im Auge des Betrachters und somit wahrscheinlich irgendwo in der Mitte. Gedacht ist dieses Buch aber tatsächlich, um ein gesellschaftspolitisches Ziel (vielleicht auch nur Schlagwort) auf unterhaltsame Art und Weise einmal vom Kopf auf die Füße zu stellen, ich spreche von dem schon zigfach missbrauchten, eigentlich überflüssigen und politisch instrumentalisierten Wort der Inklusion, in ähnlicher Form auch Teilhabe usw.[1] Es geht um Menschenbilder, um das Verhältnis von Staat und Gesellschaft, um das Leben in einer unfreiwilligen Unfreiheit, um Menschen, Möglichkeiten und Vorurteile. Als davon selbst betroffener Mensch, promovierter Wirtschaftswissenschaftler, Publizist, Unternehmer etc. habe ich hier einiges zu sagen. Wegen überwiegend autobiografischer Berichte werden im Folgenden keine Namen genannt. Die Leserin oder der Leser werden schon von selbst dahinterkommen, wer gemeint ist – und wenn nicht, stört mich das auch nicht. Sie werden die meisten Menschen ohnehin nicht kennen. Ihre Funktion ist aber entscheidend, und diese wird deutlich. Datenschutzstreitigkeiten, die aus dem Erscheinen dieses Buches

---

[1] Will man das Wort der Inklusion überhaupt gebrauchen, sollte man es so definieren: Inklusion ist erst dann vollständig erreicht, wenn das eigene Handicap zur Nebensache wird.

resultieren, möchte ich auf alle Fälle vermeiden. Der einzige Name, der ganz deutlich genannt wird, ist mein eigener. Schließlich stehe ich dazu, was ich hier schreibe, und wünsche mir auch durchaus Diskussionen. Weitere Namen – einmal abgesehen von öffentlich bekannten Persönlichkeiten – werden Sie vergeblich suchen.

Ich hätte dieses Buch natürlich auch »Taxifahrer wollte ich eh nicht werden« nennen können. Dieser Titel wäre aber zu nah an dem Werk des publizistischen Kollegen Krauthausen, der wegen seiner Glasknochenkrankheit nie Dachdecker werden konnte und vermutlich auch nicht wirklich wollte. Nun, ich bin seit meinem vierten Lebensjahr vollständig erblindet, und Taxifahrer wäre somit nach aktuellem Stand der Technik und der rechtlichen Rahmenbedingungen auch nichts für mich. Diese Einschränkung in der Berufswahl stört mich aber nicht wirklich, andere Dinge im Behindertensektor sind aus meiner Sicht hingegen fast menschenunwürdig. Ein weiterer passender Titel wäre gewesen »Fürs Betteln nicht vorbestraft« oder »Verarschen kann ich mich allein«. Wie es in der Autoren-Community aber nun einmal so ist – man diskutiert unterschiedliche Vorschläge; und die beiden letzten fielen durch. Machen Sie sich daher ein Bild von mir und den Hindernissen in meinem Leben, unabhängig von Überschriften und Vorurteilen. Letztere sind nämlich in fast jeder Lebenslage hinderlich, selbst wenn sie in bestimmten Situationen eine schützende Wirkung vorgaukeln.

Ich nehme Sie im Folgenden mit auf den Weg durch mein bisheriges Leben, ein bislang schönes, aber stellenweise doch außergewöhnliches Leben, gespickt mit einem stetigen Freiheitsdrang, der ab einem bestimmten Zeitpunkt von einer mir innewohnenden Diktatur jäh gebremst wurde. Nun sind derlei Bücher häufig nur schwer im wachen Zustand zu ertragen. Es liegt aber keine Abfolge für die Allgemeinheit unbedeutender Erlebnisse und

Begegnungen vor Ihnen, sondern ein wissenschaftlich angehauchtes, dennoch verständlich formuliertes Buch, das Begegnungen mit sozialpolitischen Gegebenheiten beschreibt, die so manch aktuelle Jammerei doch als ziemlich substanzlos erscheinen lässt. Am Ende soll ein Lebensgefühl so beschrieben sein, dass Sie es nachempfinden und einer Sozialidee zuordnen können. Diese Sozialidee wird dann mit der erlebten Realität konfrontiert.

Das vorliegende Buch ist dabei weder kaltherzig noch sozialromantisch gemeint. Aber auch das mögen Sie im Folgenden selbst entscheiden. Es ist genauso für Sozialpolitiker aller Ebenen, Pädagogen, Psychologen, Angehörige von Menschen mit Behinderung als interessante Lektüre gemeint als auch für eigentlich alle Menschen, die das Zeitgeschehen konstruktiv-kritisch verfolgen. Sie werden merken, dass ich mich selbst gern auf den Arm nehme, über andere und mich selbst lachen kann, den Ernst der Lage aber dabei nie aus dem Blick verliere.

Ich möchte mit diesem Buch ausdrücklich keine politischen Ressentiments schüren, möchte keinen extremen Parteien das Wort reden und möchte nicht entmutigen. Aufklären, antreiben, Mut machen und die gesellschaftlichen Kräfte stärken, die auf Eigeninitiative statt auf das Wehklagen setzen – das ist die Zielsetzung dieses Buches.

Politiker lügen schließlich nie, sie verstehen die Schlagworte, die sie benutzen, nur häufig selbst nicht. Ich darf das als direkt gewählter Kommunalpolitiker wohl sagen, weil ich selbst nicht von dieser Gefahr befreit bin. Ich bin selbst seit vielen Jahren überzeugtes CDU-Mitglied, stehe eher in der Tradition Ludwig Erhards als in der von Adenauer. Der pragmatische Protestantismus des Franken mit Zigarre lag mir schon immer näher als der paternalistische Katholizismus des Rheinländers Adenauer; und alles Weitere wird wohl deutlich, wenn Sie einfach weiterlesen, schmunzeln, sich schütteln, sich wundern oder manchmal auch wütend sein mögen. Die ganze Bandbreite der Emotionen ist zwischen diesen Buchdeckeln herzlich willkommen und, ehrlich gesagt, auch vom Autor beabsichtigt. Langeweile können Sie in anderen Büchern finden, hier hoffentlich nicht. Ich gehe sogar so weit zu sagen, dass Ihre Welt mit einer großen Wahrscheinlichkeit nach der Lektüre dieses Buches nicht mehr die gleiche sein wird wie zuvor.

Zu viele, unbewusst nicht zu Ende gedachte Gedanken sind im Umlauf. Zu viele Menschen, die angebliche Wohltaten verbreiten möchten, sind aktiv; zu viele Menschen, die unterstellen, dass die Bürgerinnen und Bürger eher die soziale Sicherheit als die Freiheit anstreben. Das Wort »sozial« ist hierbei äußerst interessant.

Der hoch dekorierte Wirtschaftswissenschaftler Friedrich August von Hayek sagte hierzu in seinem 1957 veröffentlichten Aufsatz »Was ist und was heißt sozial?«:

> »Ich weiß nicht, ob es ein besseres Beispiel eines solchen wenig verstandenen Einflusses eines bloßen Wortes gibt als die Rolle, die das Wörtchen ›sozial‹ in allen Erörterungen politischer Probleme in den letzten hundert Jahren gespielt hat und noch spielt« (F.A. v. Hayek, 1957, S. 70).

Er bezeichnet das Wort »sozial« als Wieselwort. Genau wie Wiesel den Inhalt der Eier anderer Tiere aussaugen, sauge das Wort »sozial« jedem anderen Wort, das man mit diesem Adjektiv verbindet, die Bedeutung aus. Die Begrifflichkeit »Soziale Marktwirtschaft« wird von Hayek ebenso kritisiert wie der Terminus »sozialer Rechtsstaat«. Welcher Staat, in dem das Recht herrscht, ist schließlich nicht sozial? Aber, so die Meinung des Autors, man kann sich auch mit keinem anderen Wort so schön schmücken wie mit dem Wort »sozial«. Darum wird es in Demokratien auch nie verschwinden, sondern weiter fröhlich ge- und missbraucht werden. Worte wie »Inklusion« und »Teilhabe« fallen heutzutage genauso in diese Kategorie. Was einst wärmende und Geborgenheit erzeugende Vokabeln sein sollten, war und sind somit schon seit Langem rein politische Kampfbegriffe. Erstaunlich ist dabei, dass die Kombination »Soziallobby« bei Google noch nicht einmal 500 Treffer ergibt – die Kombination des Wortes »sozial« mit einem so negativ besetzten Begriff wie »Lobby« also kaum im Umlauf ist. Googelt man hingegen nach »Automobillobby«, liegt man schon bei über achttausend Treffern. Das Wort »Energielobby« ergibt sogar sechsundzwanzigtausend Suchergebnisse. Das ist zumindest der Stand Ende Oktober 2018. Behalten Sie diese Überlegungen bitte im Gedächtnis, wenn Sie im Folgenden weiterlesen.

Ich danke an dieser Stelle meiner langjährigen Assistentin für ihren kritischen Blick und die Korrekturen, die sie vorgenommen hat. Ihren Namen nenne ich meiner vorhin geschilderten Absicht folgend aber auch nicht. Sie wird schon wissen, dass ich sie meine.

Auch meiner Mutter danke ich, die mir insbesondere bei den frühen Kindheitserinnerungen die ein oder andere Gedächtnislücke füllen konnte. Mein Gedächtnis reicht zwar weit zurück und ist eigentlich angelegt wie ein Panzerschrank, aus dem nichts verschwindet. Als Wissenschaftler möchte ich aber auch so genau wie möglich sein – da sind Weggefährten aus alten Zeiten sehr hilfreich.

Nun sind der Vorbemerkungen aber auch genug geäußert. Lassen Sie uns auf eine aufregende Reise gehen, bei der Sie einiges erwarten dürfen!

Carsten Dethlefs, im Dezember 2018

Kapitel 1 – Eine schwere Geburt

Ich bin am 26. Oktober 1980 in Heide, der Kreisstadt Dithmarschens, des ältesten Landkreises Deutschlands, zur Welt gekommen. Auch wenn mein Gedächtnis weit zurückreicht, kann ich mich an meine Geburt nicht mehr erinnern. Ich hörte nur recht früh, dass es wohl eine äußerst schwere Geburt war, die meiner damals 26-jährigen Mutter und mir fast das Leben kostete. Ein persischer Arzt, der die Geburt begleitete, war wohl der Auffassung, dass Frauen so etwas einfach aushalten müssen. Daher wurde kein Kaiserschnitt vorgenommen. »Es ist noch keiner dringeblieben« sagt man gemeinhin in landwirtschaftlichen Kreisen, und das stimmt wohl auch. Einige Tage nach der Geburt konnten meine Mutter und ich dann doch schließlich auf den Hof meines Vaters übersiedeln.

Mein Vater hatte als ältester Sohn das Recht, und wohl auch die moralische Pflicht, den seit Generationen im Familienbesitz befindlichen Hof weiterzuführen. Zu jener Zeit wurden dort Schweine und Kühe gehalten. Während wir im größeren Bauernhaus wohnten, lebten die Eltern meines Vaters im Altenteilerhaus auf der anderen Hofseite.

Der Hof war inmitten eines ungefähr 700 Einwohner zählenden Dorfes gelegen. In dem Dorf gab es viele Geschäfte; der fast schon obligatorische Tante-Emma-Laden war genauso vorhanden wie eine Bäckerei, ein Schlachter, ein Imbiss, eine Kneipe, eine Schule, ein Schuster und noch einige Betriebe mehr. Man musste das Dorf somit nicht unbedingt verlassen, um sich versorgen zu können. Kein Wunder also, dass ich etwa zwanzig Jahre später von dem Werk Wilhelm Röpkes (1899–1966) hellauf begeistert sein sollte. Der konservativ-liberale Ökonom und Welterklärer schrieb in seinem 1942 erschienenen Werk »Civitas Humana« über ein Schweizer Bergdorf,

> »*in dessen 500 Jahre altem vorzüglichem Gasthaus ich einige Sommertage verbracht habe. Es liegt irgendwo im Berner Mittelland und beherbergt mit seinen 3000 Einwohnern neben den Bauernhöfen folgende Kleinindustrien, Gewerbe und Berufe: eine ganz im Dorfmilieu versteckte Maschinenfabrik von 100 Arbeitern mit weitem Ruf für landwirtschaftliche Spezialmaschinen, eine Leinenweberei und Leinenbleicherei, eine moderne Buchdruckerei, eine Brauerei, eine Stuhlfabrik, eine Obstmosterei, eine Verzinkerei, eine Leinengarn- und Halbgutfabrik, eine Käserei, eine Handelsmühle, eine Möbelfabrik, eine Käseexportfirma, Holzhandlungen*« (Röpke 1942, S. 79f.).

Von diesen Gedanken konnte ich als kleines Kind aber natürlich noch nichts wissen. Wie jeder Bauernjunge spielte ich stattdessen gern im Dreck, war begeistert von den Tieren und den großen Maschinen. Ich erinnere mich noch, wie ich früher mit meinem Vater über die Koppel lief, die Kuhfladen bestaunte und fast der väterlichen Aufforderung gefolgt wäre, den Finger hineinzustecken und abzulecken.

Während der Zeit auf der Koppel lief im Autoradio das Lied von Rolf Zuckowski »Snack mol wedder platt«, was ich künftig wohl auch verstärkt tat. Die plattdeutsche Sprache war somit meine zweite erlernte Sprache, die ich insbesondere mit meinem Vater sehr ausgiebig trainierte.

Meine Mutter ging tagsüber ihrer Arbeit als Grundschullehrerin nach, während eine Haushälterin das Haus säuberte. Man kann somit sagen, dass wir eine klassische Familie aus der ländlichen Mittelschicht waren. Auf der anderen Hofseite konnte ich Oma und Opa immer besuchen und habe sicher auch schon in meinen ersten drei Lebensjahren mit Opa den ein oder anderen Wildwestfilm geschaut. Auf dem Hof konnte der Altbauer wegen seines Asthmas ohnehin nur noch wenig ausrichten. Meine Oma kochte ausgezeichnet und ist fast noch bis heute eine resolute und anpackende Bauersfrau, wie man sie dieser Tage vielleicht noch in alten Filmen oder Volkstheatern vorgestellt bekommt. Einige Jahre später sollte man sagen, dass ich ihrem Vater doch recht ähnlich war, der sich im Zweiten Weltkrieg selbst durch einen Schädelbruch nicht davon abhalten ließ, vom Krankenhaus in Kiel wieder in die Heimat zu kommen. Er starb im Jahr meiner Geburt im Alter von 90 Jahren und war – so die Erzählungen – ein hoch politischer Mensch und Sturkopf.

Wenn meine Eltern am Wochenende Zeit für sich haben wollten, schließlich waren Einzelkinder auf Bauernhöfen eher selten, ging es für mich nach Plön zu den Eltern meiner Mutter. In der kleinen Wohnung wurde dort viel geraucht. Die Gemütlichkeit war aber mit Händen greifbar. Mein Plöner Großvater war ein gemütlicher und gutmütiger Hüne aus einfachen Verhältnissen mit einer Vorliebe für Autos und geschichtsträchtiger Literatur, der sich immer über den Besuch des Enkelkindes freute, während meine Großmutter – nicht weniger erfreut – einen eher hektischen und aufgekratzten Eindruck machte.

Es war in den ersten Jahren eine Bilderbuchkindheit, die man entweder selbst erlebt hat oder in alten Astrid-Lindgren-Büchern nachempfinden kann. Jeder war glücklich: Ich wegen meiner guten Kindheit, mein Vater hatte seinen Hoferben, meine Mutter ein aufgewecktes erstes Kind und die Nachbarkinder einen neuen Spielgefährten.

Zu den Fotos in einem unserer Familienalben fand ich diese
Sprüche – eine Vorausschau?

Alltag - das ganz normale Leben.

Den Genüssen des Lebens war ich nie abgeneigt.

Kapitel 2 – Im Paradies wird's dunkel

Man muss sich die Umgebung, in der ich aufgewachsen bin, wie ein kleines Paradies vorstellen. Im Frühling und Sommer waren die Tiere meines Vaters auf der Koppel. Jeden Tag ging es deshalb mit einem mobilen Melkstand hinaus zu den Tieren, um sie von den schweren, prall gefüllten Eutern zu befreien und die Milch nach Hause zu holen. Heutzutage muten diese Erinnerungen wie Öko-Träumereien einer längst vergangenen Zeit an; der Anbinde-Stall, in welchem die Tiere den Herbst und den Winter verbrachten, konnte damals wohl allenfalls Realos bei der neu aufgekommenen Umweltbewegung überzeugen. Ich hinterfragte diese Dinge freilich noch nicht, sondern genoss das Landleben in vollen Zügen.

Was mir dabei allerdings nicht auffiel, war, dass ich mit der Zeit immer schlapper wurde, kaum noch laufen mochte und mich des Öfteren erbrach. Meine Eltern merkten es natürlich schon, gingen dann auch schließlich mit mir zum ebenfalls im Dorf ansässigen Hausarzt der Familie. Dieser tat das, was viele, wohl die meisten Hausärzte, in dieser Situation getan hätten: Man betrachtete sich die Symptome, schaute, was gerade so in der Luft lag, und stellte schließlich eine naheliegende Verbindung her. Wegen einer Welle von Keuchhusten-Erkrankungen hatten das Erbrechen und die Schlappheit nach seiner Meinung also genau damit zu tun. Es wurden die herkömmlichen Medikamente verschrieben und man wartete auf Besserung.

Diese stellte sich jedoch nicht ein. Ich erinnere mich noch daran, dass mir der Flur, der ohnehin ziemlich dunkel war, immer bedrohlicher erschien. Ich vermutete wilde Tiere in den dunklen Ecken, was zweifelsohne daran lag, dass ich zu dieser Zeit schon schlechter sehen konnte. Das Nächste, woran ich mich erinnere, sind Krankenschwestern, die an meinem Krankenhausbett standen und scheinbar keine Notiz von mir nahmen.

Was ich zu jener Zeit nicht wusste: Meine Eltern hatten mit mir bereits eine Odyssee durchstehen müssen! Zunächst hatte sich mein Gesundheitszustand wohl so verschlechtert, dass meine Eltern mit mir zum Kinderarzt in einem Nachbardorf gefahren waren. Dieser schickte, die Symptome betrachtend, meine Eltern und mich sofort weiter ins Krankenhaus nach Rendsburg. Dort diagnostizierte man wohl schon einen Gehirntumor und machte meinen Eltern auf Grundlage dieser Erkenntnis wenig Hoffnungen, mich lebend wieder mit nach Hause nehmen zu können. Man könne es noch in Kiel versuchen, dort würde man aber zu keinem anderen Schluss kommen.

Meine Eltern gaben nicht auf und holten die Kieler Zweitmeinung ein. Und zum Glück gab es dort einen Chefarzt, der die Lage anders – und im Nachhinein richtig – einschätzte. Wegen des Tumors an einer höchst sensiblen und damals inoperablen Stelle konnte das Gehirnwasser nicht richtig zirkulieren. Der Chefarzt implantierte einen VA-Shunt[2], der das Gehirnwasser zur Entlastung des Kopfes in eine Arterie umleitete. Das Sehzentrum war durch den Überdruck allerdings bereits so stark in Mitleidenschaft gezogen worden, dass es nicht mehr zu retten war. Ich war fortan blind!

Durch die Hilfe des eingesetzten Schlauchs ging es mir aber ansonsten schnell wieder sehr viel besser. Allerdings machte mir die

---

[2] Ein Shunt ist eine chirurgisch geschaffene Verbindung; es handelt sich i.d.R. um einen dünnen Plastikschlauch, der die gestaute Gehirnflüssigkeit mithilfe eines Ventils vom Kopf unsichtbar unter der Haut hinter den Ohren und am Hals entlang abführt – in diesem Fall in den Herzvorhof (lat. atrium), weshalb diese Form der Ableitung als ventrikulo-atrialer Shunt (kurz: VA-Shunt) bezeichnet wird.

straffe Stationsregie in Kiel zu schaffen: Meine Eltern durften tagsüber nicht lange bei mir sein, was wegen des verlorenen Sinns aber
durchaus angebracht gewesen wäre. Zunächst registrierte ich den
Verlust des Sehvermögens wohl auch gar nicht so sehr. Die fremde
Umgebung sowie die Langeweile machten mich verrückt. Die Zeit
ohne meine gewohnte Umgebung und die gewohnten Menschen
ließ mich verzweifeln. Das Pflegepersonal machte mir auch nicht
den Eindruck, als wäre es sehr an meinem Wohlergehen interes-
siert. Ich erinnere mich noch sehr gut daran, wie ich die meisten
Untersuchungen – natürlich letztlich erfolglos – ablehnte. Dieses tat
ich nicht, weil ich dem Personal die Arbeit erschweren wollte. Ich
habe schlicht und ergreifend keinen Sinn darin gesehen und fühlte
mich auch nicht wirklich ernst genommen. Man hätte schon
damals – so mein heutiger Eindruck – ganz vernünftig mit mir
über bestimmte Notwendigkeiten reden können. Aber ob es so
gewesen ist, wird man nie erfahren.

Daher fuhren meine Eltern und teilweise auch Großeltern Tag
für Tag die knappe Stunde nach Kiel, um mich wenigstens ein paar
Stunden am Tag auf andere Gedanken zu bringen und sich davon
zu überzeugen, dass es mir tatsächlich besser ging. Einem Jungen
im Nachbarbett ging es zu jener Zeit nicht ganz so gut, und ich
wurde im frühen Kindesalter mit der Endlichkeit des Lebens
konfrontiert. Dass mich diese Erlebnisse emotional nachhaltig
beeinflussten, mag wohl jeder verstehen. Die Schwarzwaldklinik,
eine Krankenhaus- Serie von Anfang der 1980er Jahre, half meiner
Familie und mir später sehr gut dabei, die gemachten Erfahrungen
gemeinsam zu verarbeiten.

Es war wohl Silvester 1984, als meine Eltern und ich die Heim-
reise von Kiel antreten konnten. Ich erinnere mich aus dieser Zeit
an schrille Träume, an grell-bunte Bilder, die ich zwar schon
irgendwo gesehen hatte, die auf ihre Weise aber auch meinen

weiteren Lebensweg prägen sollten. Blindheit hat nämlich nicht unbedingt etwas mit Dunkelheit zu tun, es ist für mich vielmehr ein innerer Film, auf dessen Verlauf man kaum Einfluss hat.

Seit jener Zeit haben bestimmte Buchstaben, Zahlen und Worte für mich eine ganz eigene Farbe. Mit dem weithin verbreiteten Wort der Synästhesie, das die Kopplung bestimmter Sinne beschreibt, konnte ich damals noch nichts anfangen; ich weiß auch heute nicht, ob ich ein Synästhet bin. Es spielt im weiteren Verlauf aber auch keine Rolle. Wenn überhaupt, ist es nur ein Grund mehr, warum ich mich vermutlich nie als richtig blind gefühlt habe.

Als ich mein Elternhaus wieder erreicht hatte, war die Erleichterung bei allen Familienmitgliedern riesengroß. Ich durfte mit im elterlichen Schlafzimmer schlafen, bekam leckere Dinge zu essen und wurde rundherum versorgt. Wir hörten oftmals das Lied von Katja Eppstein »Im Leben, im Leben geht so mancher Schuss daneben«. Ich hatte dieses Lied damals nicht als Omen verstanden und es war auch tatsächlich keines – zumindest wäre es unter normalen Umständen wahrscheinlich keines gewesen.

Da man aber nach wie vor nicht wusste, ob der Tumor jetzt doch noch wächst, sind meine Eltern mit vielen heilversprechenden Instanzen in Kontakt getreten. Auf dem Markt der Wunderheiler tummeln sich zu jeder Zeit doch zahlreiche Anbieter. Ich erinnere mich noch an Fahrten in die Niederlande zu einem handauflegenden Gesundheitsmagier, der in einem Hotel seine Show abzog. Man kann nicht sagen, ob diese Dinge etwas Positives bei mir bewirkt haben. Ausschließen möchte ich es nicht.

Ein Ereignis, das mir in diesem Zusammenhang aber sehr viel eindrucksvoller erscheint, trug sich in meinem Heimatdorf zu. Ich selbst habe keine Erinnerung daran, meine Mutter erzählte es aber bei Gelegenheit. Damals waren noch sehr viel häufiger als heutzutage Händler – damals nannte man sie Zigeuner – unterwegs, die an Haustüren Gummibänder feilboten. Es war der Frühling oder Sommer nach meiner Erblindung und ich spielte wohl gerade im Sandkasten vor dem Küchenfenster, da klingelte eine Dame mit osteuropäischem Antlitz an der Tür des Dethlefs-Hauses und wollte mutmaßlich ihre Gummibänder verkaufen. Als meine Mutter öffnete, sagte die Besucherin in einer getragenen Stimme: »Du hast große Probleme, Du musst nichts kaufen.« Natürlich sorgte sich meine Mutter damals um mein Überleben und um die Zukunft im Allgemeinen, was die fremde Dame aber wohl kaum wissen konnte. Diese fuhr fort: »Du und dein Sohn werden uralt, habe keine Angst.« Meine Mutter gab der Frau sofort fünf Mark. Auch wenn sie für die fünf Mark keine Gegenleistung erwartete, wurde sie sofort ausgiebig mit Gummibändern versorgt. So schnell, wie es dieser Gruppe Menschen auch heute noch eigen ist, war die geheimnisvolle Frau dann wieder verschwunden. Ich weiß noch, dass meine Mutter jedes Mal, wenn wieder eine Händlerin an der Tür klingelte, nach dieser Dame ausschaute, sie selbst kam aber nie wieder an unser Haus.

Gesundheitlich ging es mir – abgesehen von einem aufkommenden Asthma-Leiden, das ohnehin in der Familie lag – aber tatsächlich weiterhin gut. Hin und wieder musste ich zu Routine-Untersuchungen nach Kiel, wo die Funktion des Shunts überprüft wurde. Jedes Mal hatte ich Angst, wieder dort bleiben zu müssen – doch nach einem Tag war die Konfrontation mit der jungen, als furchtbar empfundenen Vergangenheit in Krankenhaus meist schon wieder vergessen. Der Tumor verhielt sich zum Glück statisch.

Meine Eltern machten somit auch keinen Unterschied zwischen mir und einem Kind ohne Handicap. Extrawürste gab es keine. Auch falsches Mitleid war bei uns – wie in der Landwirtschaft üblich – fehl am Platze.

Das ererbte Asthma-Leiden und die damit in unheilvoller Weise verbundenen Allergien erweckten zwar noch stärker den Eindruck bei mir, dass mein Körper bisweilen ein richtig schlecht gelaunter Diktator war, der mich nicht aus seinen Fängen entließ. Gleichwohl nahm ich mein Schicksal an und versuchte, das Beste daraus zu machen. Mir war schon damals eine äußerst positive Lebenseinstellung eigen. Ich wusste zwar, dass die Dinge nicht von allein besser werden; das mussten sie aber auch nicht. Man konnte ja etwas dafür tun.

So ging es pragmatischerweise als Nächstes darum, wie man einen Jungen, der nichts sieht, auf eine Weise in den Kindergarten integriert, dass es für alle Beteiligten vorstellbar war. Behilflich hierbei waren Mitarbeiterinnen der Staatlichen Schule für Sehgeschädigte in Schleswig; sie kamen einige Male in der Woche zu den Erzieherinnen und mir und begleiteten mich während eines Vormittags in einen ganz normalen Kindergarten in einem ganz normalen Dorf.

Wer also meint, Inklusion sei ein neuer Begriff, sagt nicht die Wahrheit! Ich habe diese Philosophie bereits in den 1980er Jahren am eigenen Leib erlebt.

Übrigens mochte ich mir auch in dieser frühkindlichen Bildungseinrichtung nichts sagen lassen. Es ging sogar so weit, dass ich eine Schleswiger Betreuerin mit einer Spielfigur aus Metall mutwillig an der Hand verletzte. Ich fühlte mich halt bevormundet und suchte schon damals die Freiheit!

Neben dieser ungestümen Verhaltensweise meinerseits gab es aber wohl auch gerechtfertigte Situationen, in denen ich mich zur Wehr setzte. So forderte mich ein anderes Kind in der Pause auf, den Mund zu öffnen, weil es ein Stück Brot für mich hätte. In Wirklichkeit steckte er mir einen Ast in den Mund. Das habe ich mir natürlich nicht gefallen lassen! Es entspann sich ein für damalige

Verhältnisse doch recht großer Streit zwischen meinen und seinen Eltern und der Kindergartenaufsicht.

Davon, dass man mir – ob zu Unrecht oder zu Recht – mangelnde Sozialkompetenz unterstellte, bekam ich zu jener Zeit gar nichts mit, davon, dass meine Einschulung auf Grundlage meines Verhaltens verschoben werden sollte, wusste ich auch nichts. Aber die Schule sollte noch ein ganz eigenes Thema werden. Erst einmal gewann ich im Kindergarten das Kindervogelschießen und wurde zumindest für einen Tag zum König gekürt.

Neben meiner Zeit im Kindergarten tat sich aber auch privat etwas. Ende April 1985 kam meine erste Schwester zur Welt. Wären andere Eltern bereits mit einem Kind mit Handicap überfordert gewesen, legten meine Eltern nach und ließen die Familie wachsen, wofür ich sehr dankbar war und bin. Wegen der stressigen Umstände meiner Erkrankung kam meine Schwester zwar zu früh zur Welt. Durch die moderne Medizin der Geburtsstation Rendsburg konnte sie aber schon bald nach Hause. Wir verstanden uns von Anfang an blendend. Ich wuchs somit unbeschwert, heute könnte man fast sagen naiv, auf.

H-Man beim Kindergarten Fasching.

König Carsten.

Meine kleine Schwester und ich.

Kapitel 3 – Die Integration und ich

Man malte sich die schönsten, natürlich auch kindlichen Zukunftsvisionen aus, noch nicht ahnend, in welches Rollenkorsett Menschen mit Behinderung zunehmend gesteckt sein würden. Fairerweise muss man natürlich sagen, dass sich zunächst sehr viel verbesserte. Sprach man zunächst noch über meine berufliche Zukunft als Besenbinder und meine Schulzeit auf einem Hamburger Internat, wurde schnell klar, dass ich doch noch zu mehr als für diese Laufbahn zu gebrauchen war.

Es bedurfte allerdings einer gewissen Beharrlichkeit von Seiten meiner Eltern, speziell von meiner Mutter, die als Lehrerin gute Beziehungen zum Kultusministerium hatte, um die neuerdings politisch gewollte schulische Integration auch tatsächlich in die gelebte Praxis umzusetzen. Im August 1987 würde ich als einer der ersten Schüler mit Handicap in Schleswig-Holstein meine ganz normale Schullaufbahn beginnen.

Auf dem Dorf kannte man sich. Die Eltern der anderen Kinder konnten oftmals eine gemeinsame Vergangenheit aufweisen, und ich kannte bereits einige meiner Mitschüler aus dem Kindergarten. Das machte die Eingewöhnung in die Klassengemeinschaft nicht schwer. Schnell war ich bekannt und sogar einigermaßen beliebt.

Zum Zweck der Lerninhaltsvermittlung wurde mir wieder einmal eine Sonderpädagogin zur Seite gestellt. Dieses Mal ging es aber nicht mehr um launige Spielchen, sondern um die

Vermittlung von Inhalten, beispielsweise der Brailleschrift[3]. Wie auch noch später in einem zitierten WELT-Artikel geschildert wird, beherrschte diese Dame die Blindenschrift selbst jedoch gar nicht, konnte mir diese daher auch nicht beibringen. So erbarmte sich mein damaliger Klassenlehrer, ein Grundschulpädagoge ohne Zusatzausbildung, und brachte erst sich selbst und anschließend mir die Blindenschrift bei. Das tat er zunächst, indem er Punkte aus Pappe ausschnitt, diese so anordnete, dass sie Braille-Buchstaben ergaben, und mir zum Fühlen hinlegte. Der Vorteil war: Diese Punkte waren noch etwas größer und deshalb für mich besser tastbar als die eigentliche Brailleschrift.

Erstaunlich oder auch nicht – ich war ein recht guter, wenngleich frecher Schüler. Das Lesen lernte ich zügig, und auch meine Mitschüler hatten Interesse daran, die Blindenschrift zu erlernen. Das Schreiben lernte ich kurze Zeit später auf einer mechanischen Schreibmaschine, die fühlbare Löcher in ein dickes Stück Papier stanzte, sodass ich diese Punkte als Blindenschrift ertasten konnte. Die Blindenschrift bestand auf diese Art und Weise aus sechs Punkten, die in unterschiedlichen Anordnungen unterschiedliche Buchstaben ergaben. Beim späteren Computerbraille kamen noch zwei weitere Punkte hinzu.

Unschön dabei war, dass wir noch lange Zeit auf die Lieferung der Schreibmaschine hätten warten sollen. Von Seiten der Sonderschule, die mich betreute, wurde uns mitgeteilt, diese spezielle Schreibmaschine müsse erst aus den USA angeliefert werden.

---

[3] Die Brailleschrift [bʁaj-] wird von Blinden und stark Sehbehinderten benutzt, ist also eine Blindenschrift. Sie wurde 1825 von dem Franzosen Louis Braille entwickelt. Die Schrift besteht aus Punktmustern, die, meist von hinten in das Papier gepresst, mit den Fingerspitzen als Erhöhungen zu ertasten sind.

Letztlich nahmen meine Eltern jedoch die Sache selbst in die Hand und besorgten eine Schreibmaschine aus einem Hamburger Internat, die innerhalb derselben Woche mit einem Bus in ein Nachbardorf geliefert wurde, wo meine Eltern sie abholten und ich mit dem Schreiben loslegen konnte.

Es mag an den Kinderkrankheiten gelegen haben, die die damalige Inklusions- oder – wie es hieß – Integrationspraxis mit sich brachte, für mich stand jedenfalls von diesem Zeitpunkt an fest, dass zwischenmenschliche Hilfe sehr viel weiter führt als staatliche Unterstützung[4]. Diese Aussage lässt sich sicher nicht verallgemeinern und sollte nur dort Anwendung finden, wo die Strukturen auch tatsächlich diese Hilfe leisten können; geprägt hat mich dieses Credo aber nachhaltig. Mein sozialpolitisches Denken und Handeln fußt seitdem auf einer eher staatskritischen Haltung. Es ist daher keine böse Absicht, dass ich diese uralte Geschichte immer wieder aufwärme, sie zeigt aber exemplarisch so gut wie kaum ein anderes Erlebnis, wie weit politisches Wollen und praktische Umsetzung im Bereich der gut gemeinten politischen Absichten oftmals auseinanderliegen, und wie wenig man sich als Bürger allein auf den Staat verlassen sollte.

Was sich im Nachhinein als sinnvoll erwies, war die Trennung der ersten Klasse in zwei kleinere Klassen, in denen ich mich dann besser zurechtfinden konnte. Dass mich die Sonderschulpädagogin in den ersten zwei Jahren häufiger davon abhalten wollte, gemeinsame Projekte im Unterricht mit den anderen Kindern zu unternehmen und mich stattdessen veranlasste, ihre vielleicht vor einem Forschungshintergrund sinnvollen, für mich aber sehr

---

[4] Inklusion unterscheidet sich von Integration in der Hinsicht, dass man nicht in ein bestehendes Gesellschaftsmodell hinein integriert werden soll, sondern das Zulassen der Vielfalt im Mittelpunkt steht.

langweiligen Spiele zu spielen, lief den eigentlichen Absichten der Integration sicher zuwider.

Auch bei der Einschulungsuntersuchung merkte man, dass es sich bei der Integration noch um ein recht neues Konzept handelte und wenig Empathie vorhanden war. Ich sollte nämlich ohne fremde Hilfe an einem auf dem Boden aufgezeichneten Strich entlanglaufen. Das war natürlich schlechterdings für mich nicht möglich, sah oder spürte ich diesen Strich doch nicht einmal.

Ohne es damals zu wissen – und ich vermute auch, dass meine Eltern nicht in diesen Kategorien dachten – waren und sind wir doch eine typisch protestantisch-calvinistische Familie, in der Leistung zählt und man ständig neue auch und insbesondere wirtschaftlich interessante Ideen schmiedet.

Sie werden das Gleichnis kennen, das Jesus einst brachte und nach dem eher ein Kamel durch ein Nadelöhr geht, als dass ein Reicher in den Himmel kommt. Johannes Calvin interpretierte dieses Bild aber vor etwa dreihundert Jahren so, dass Reichtum ein Zeichen für die Liebe Gottes sei und man durch harte Arbeit sich selbst beweisen könne, dass man in der Gunst Gottes steht. Der Wirtschaftssoziologe Max Weber konkretisierte dieses Denken im 20. Jahrhundert in seinem Werk »Wirtschaft und Gesellschaft«. Als ich von dieser Interpretation las, erkannte ich die Dethlefs-Familie und mich selbst darin sehr gut wieder. Mit diesen Verhaltensweisen und den unbewusst zugrundeliegenden ethischen Merkmalen gehören wir aber eher zur Mehrheit als zur Minderheit in Dithmarschen.

So baute mein Vater einen größeren Stall, schaffte mehr Tiere an und legte so eine gute Existenzgrundlage für die nächste Generation. Selbst musste er schließlich schon als zehnjähriger Junge bei der harten Hofarbeit mithelfen und ruinierte sich somit wohl auch seinen Rücken, was er in noch nicht so fortgeschrittenem Alter zu spüren bekam. Seinen Berufswunsch, Architekt zu werden, konnte er aus dem Pflichtgefühl seinen Eltern gegenüber nicht verwirklichen, und das mit allen Konsequenzen. Die daraus resultierenden Spannungen zwischen seinen Eltern und ihm waren durchaus auch für mich spürbar.

Bei mir sah es anders aus. Dass ich den Hof nicht übernehmen können würde, war uns allen klar, denn blinde Landwirte sind ähnlich schwer vorstellbar wie blinde Taxifahrer; dennoch ging es munter weiter. Ich kanalisierte meine Energie halt anders. Mit meiner damaligen Schulkameradin aus der Grundschule bastelte ich lieber aus Pappe, Papier und Dingen, die man sonst noch so im Kunstunterricht einsetzte, einige Deko-Artikel – zumindest waren sie als solche gedacht. Anschließend gingen wir in der Nachbarschaft herum und wollten sie verkaufen, was uns auch erstaunlich gut gelang. Trotz des Geschäftssinns meiner Familie ernteten meine Freundin und ich von meinen Eltern großen Ärger, weil die Produkte objektiv doch wohl nicht so hübsch und brauchbar waren, wie meine Kameradin sie mir beschrieb oder ich sie mir vorstellte. Die paar Pfennige, die wir einnahmen, waren wohl auch eher Ausdruck des Mitleids als richtige Anerkennung unserer Leistung.

Dennoch merkte ich bereits damals, wie mich der Handel mit selbst erzeugten Produkten erfüllt. Die Umsetzung eigener Ideen in praktisches Handeln ist noch heute eine meiner wichtigsten Triebfedern. Wer will schon eine bloße verlängerte Werkbank sein und ausschließlich Produkte weiterleiten, in denen keine eigene Leistung steckt? Geld ist für mich wichtig, ist aber gleichzeitig kein Selbstzweck. Geld ist ein Mittel, um Möglichkeiten zu eröffnen und Anerkennung auszudrücken. Darum geht es mir noch heute.

Was aber in der damaligen Zeit noch an Antriebskräften hinzukam, war die Religion. Die erste Religionsstunde nach dem

Einschulungsgottesdienst hielt meine Mutter in unserer Klasse. Sie las die ersten Geschichten aus dem Alten Testament, und ich war Feuer und Flamme. Ich spürte, dass es um Dinge ging, die nicht allzu leicht zu erklären sind, und dass es einen tieferen Sinn hinter den Geschichten aus der Bibel gibt. Die heutzutage in Kirchen häufig vermisste Spiritualität spürte ich noch in vollen Zügen. Damals begann ich, abends regelmäßig ein Gebet zu sprechen, und fühlte mich gut dabei. Diese Praxis hält bis heute weitestgehend an. Seit dieser Zeit spüre ich auch irgendeine beruhigende Verbindung, die ich weder qualifizieren noch quantifizieren kann.

Einzig, wenn ich mich nicht ernst genommen fühlte, konnte ich sehr aus dem Rahmen fallen. So brachte der damalige Filialleiter des Kreditinstitutes aus dem Dorf mir zur Einschulung ein paar Geschenke. So weit, so gut. Als er sich jedoch aus dem Gespräch mit meinen Eltern löste und sich sinngemäß mit den Worten an mich wandte: »Nun wollen wir nochmal mit diesem kleinen Mann hier sprechen«, wurde es mir zu bunt und ich benutzte das böse A-Wort. Das führte zu großem Ärger seitens meiner Eltern. Aber gesagt ist gesagt, und von Diplomatie hielt ich in meinem Kindesalter noch nicht viel.

Dass es keine kleinen Männer gibt, sehe ich noch heute so. Menschen sind nicht binär, und gerade unsere marktwirtschaftliche Demokratie sollte jedem von uns den gesellschaftlichen Aufstieg ermöglichen. Eine zu starre Einordnung von Menschen in lebenslange Klassenzugehörigkeiten konnte mich scheinbar schon immer fuchsteufelswild machen, auch wenn die Bemerkung dieses Bänkers wohl keineswegs so gemeint war. So gibt es zwar physisch kleine Menschen, keinesfalls jedoch gesellschaftlich. Zwar habe ich mit meinen sechs Jahren sicher noch nicht so tiefgreifend gedacht – aber der Tonfall löste schon damals bei mir genau diesen emotionalen Abwehrreflex aus. Meine Schullaufbahn wurde durch den Hang zu deutlichen Worten jedenfalls nicht negativ beeinflusst.

Trotz oder vielleicht auch gerade wegen der in Teilen wenig hilfreichen Begleitung durch die Schleswiger Schule entwickelte ich einen großen Ehrgeiz.

Meine Kreativität lebte ich aus, indem ich mit meiner Schulkameradin, mit der ich schon gebastelt hatte, Lieder dichtete. Zur damaligen Zeit waren wir sehr durch die Lieder der »Ersten Allgemeinen Verunsicherung«, einer Blödelband aus Österreich, inspiriert. Einer ihrer größten Hits zu jener Zeit war »Küss die Hand, schöne Frau«. Wer sich diese Lieder heute anhört, wird verstehen, welch Wortwitz und Fröhlichkeit in deren Texten liegen. Wir verfassten sogar einmal das Stück für die Weihnachtsfeier, das unsere Schulkameraden dann auswendig lernen mussten. Passend dazu schrieb ich am liebsten Aufsätze, bei denen ich meiner Kreativität freien Lauf lassen konnte. Hier waren meine Schulkameradin und ich dementsprechend unangefochten die Klassenbesten.

Nach zwei Jahren, also kurz vor Eintritt in die dritte Klasse, meldete die mich bis dahin betreuende Sonderpädagogin, dass sie schwanger sei. Als Ersatz kam ein ebenfalls junger, forscher, witziger und patenter Sonderschulpädagoge, der durch seinen Einfallsreichtum und sein handwerkliches Geschick dafür sorgte, dass ich gut durch die Grundschule kam. Störend waren einzig die Kurse, zu denen ich nach Schleswig zitiert wurde, um andere blinde Kinder zu treffen. Es sollte ein fruchtbarer Austausch sein. In Wirklichkeit orientierte man sich stets an den Kindern, die leider eine Mehrfachbehinderung hatten. Bei allem schon damals vorhandenen Verständnis brachte es mir nichts, mich mit ihnen auf eine Stufe zu stellen. Um ihnen zu helfen, war ich zu jung – um von ihnen Hilfe zu empfangen, waren die Unterschiede zu groß.

In den Gesprächen mit dem neuen Sonderschulpädagogen wurde aber auch mein erstes Interesse für die Politik geweckt. Er war – ganz im Gegensatz zu meiner Familie – ein überzeugter Grüner. In dieser Zeit, vielleicht zehn Jahre nach der großen Schneekatastrophe in Schleswig-Holstein, entwickelte ich erste Ängste vor Klimakatastrophen und bildete mir ein, einen Beitrag zum Klimaschutz zu leisten, indem ich einerseits erste zaghaft-politische Texte schrieb, andererseits mit dem Schraubstock meines Vaters, der auf der Diele stand, Getränkedosen flachdrückte – schließlich hätte eine flachgedrückte Dose nicht so viel Volumen wie eine dreidimensionale Getränkedose, redete ich mir ein, und beruhigte so mein Gewissen. Einfach so daneben stehen und nichts tun, das war nicht mein Ding!

Auch setzte ich mich das erste Mal mit den Themen »Waffen«, »UV-Strahlung« und »Umweltverschmutzung« auseinander, und das alles in einem nach wie vor geteilten Deutschland Ende der achtziger Jahre. Ich bekam – ob nun blind oder nicht – zunehmend die Nachrichten mit, wenn ich im Wohnzimmer bei meinen Eltern saß, und so spürte ich, wie etwas ganz Großes in der Luft lag. Begleitet wurde dieses Gefühl durch Hörspielkassetten von Knight Rider, die zunehmend für mich an Bedeutung gewannen. Meine Schulkameradin, mittlerweile meine beste Freundin, und ich ver-götterten David Hasselhoff. Es entwickelte sich in mir zunehmend eine emotionale Beziehung zum Thema »Freiheit«. Ich meine damit nicht die negative Freiheit, die eine Befreiung von beispielsweise Leid und Hunger verspricht, sondern eine Freiheit, die ausgelebt werden wollte. So heißt es nicht ganz, aber fast passend in dem Hasselhoff-Klassiker:

«Some twenty years ago
I was born a rich man's son
I had everything that money could buy,
but freedom I had none.»

Natürlich hatte ich Freiheit, insbesondere als ich mit einem Mobilitätstrainer mir selbst einige Wege im Dorf erschloss und zunächst widerwillig, dann aber voller Freude mit meinem Blindenstock hin und wieder selbst den Weg zum Tante-Emma-Laden ging. Es war nur ein Quäntchen Freiheit, vielleicht besser gesagt Unabhängigkeit, das sich aber sehr gut anfühlte.

Meine Vorliebe zu David Hasselhoff und den USA konnte ich in jener Zeit auch mit einem männlichen Kumpel teilen. Wir philosophierten über unterschiedliche Filme, Hörspiele und tatsächlich auch die Bundeswehr, die es Ende der 1980er Jahre gut verstand, eine Begeisterung in Jungs unseres Alters auszulösen.

In dieser Zeit lebte auch ein Inder in unserem Dorf, der über eine christliche Vermittlungsstelle eingereist war. Für ihn war es sicher ebenfalls eine spannende Zeit, da sich in Deutschland und dem übrigen Europa so vieles tat. Am Donnerstagabend des 9. November 1989 war er gerade bei uns zu Gast, als der Fernseher lief und die Ereignisse ihren Lauf nahmen. Am nächsten Morgen war die Berliner Mauer ein Element der Geschichte, nicht aber mehr der antifaschistische Schutzwall, von dem die SED vierzig Jahre lang gesprochen hatte. Der Nachrichtensprecher schilderte, dass ein LKW mit USA-Insignien durch Berlin fuhr und rote Farbe als Symbol der imperialistischen US-Politik versprühte; ich hörte meinen Vater über die Linken schimpfen, die am Morgen des 10. November 1989 den eiligst nach Berlin geeilten Bundeskanzler Kohl auspfiffen. Mich küsste also die Geschichte im Alter von nicht einmal zehn Jahren mitten auf den Mund. Obwohl ich nicht genau verstand, worum es ging, spürte ich, dass gerade etwas sehr Bedeutendes geschehen war.

Wenngleich wir noch nicht einmal Verwandte im Osten hatten, brachten wir in den Folgewochen ausgetragene Kleidungsstücke in Einrichtungen, in die die Bürger aus der damals noch nicht ehemaligen DDR geflohen waren; schließlich hatten die neuen Mitbürger oftmals ihr gesamtes Hab und Gut zurücklassen müssen, insbesondere wenn sie bereits vor dem Mauerfall über die ungarisch-österreichische Grenze in den Westen gekommen waren.

Schon damals freute ich mich, wenn die Gelegenheit bestand, neue Leute kennenzulernen. Diese Möglichkeit hatte ich stets bei unseren Lehrlingen, die ihre Ausbildung bei meinem Vater machen wollten. Ein so umwerfendes Erlebnis mit so vielen zusätzlichen Menschen in unserem Land hatte ich bis dahin noch nie mitbekommen. Auch wenn ich nicht direkt Kontakt mit ihnen hatte, reichte mir schon das Gefühl, dass jetzt richtig was los war.

Die Sonntage waren und sind bis heute die schlimmsten Wochentage für mich. Es ist kaum etwas los, man hat eher nicht die Chance, neue Leute zu treffen, und – damals noch unumstritten – die Geschäfte hatten geschlossen. Ohne die Gunst von Internet und Facebook, die damals nicht einmal am Horizont erkennbar waren, saß ich sonntags häufig nur herum und hörte zum wiederholten Male ein und dieselbe Kassette. Meine Vorliebe für das Telefon resultiert genau daraus. Ich konnte Menschen überall auf der Welt erreichen und mit ihnen sprechen, ohne für mich allein unüberwindliche Wege unternehmen zu müssen. Meine Eltern waren ob der Kosten – Flatrates gab es noch nicht – davon verständlicherweise nicht begeistert.

Ende der achtziger Jahre bekam ich endlich mein eigenes Radio, das das Gefühl der inneren Abgeschiedenheit linderte – ein Gefühl, das ich auch offen ausgesprochen hatte.

Ereignisse wie Übungen der Bundeswehr auf dem väterlichen Hof waren in dieser Zeit auch eine willkommene Abwechslung. In der damaligen Zeit waren Bauernhöfe ein beliebtes Übungsgelände, weil man hier den nötigen Platz vorfand. Diese militärische Praxis ließ nach dem Ende des Kalten Krieges aber verständlicherweise nach. Somit hatte und hat die Bundeswehr absolut nichts Bedrohliches für mich. Ich habe viele nette Soldaten getroffen, die stets bemüht waren, mit heranwachsenden Jungen in guten Kontakt zu kommen. Die Absicht dahinter ist verständlich, wollte man in Zeiten der gerade wieder leicht abklingenden Atomhysterie doch keine Abneigung erzeugen. Dennoch hatte ich auch bereits von meinem Vater und meinem Onkel ein durchaus positives Bild der Bürger in Uniform vermittelt bekommen. So entstand in mir die Lebenseinstellung eines aufgeklärten und optimistischen Konservatismus – zumindest würde ich es heute so beschreiben.

Die Aufbruchsstimmung Ende der 1980er, Anfang der 1990er Jahre hat meiner ohnehin schon latent vorhandenen gedanklichen Optimismus-Offensive noch einmal ordentlich Schub verliehen. Das ging wohl auch meinen Eltern so. Schließlich wurde Anfang Februar 1990 meine jüngste Schwester geboren. Es war gerade zur Faschingszeit, als meine Mutter in den Wehen lag und mir ein weiteres Geschwister schenkte. Wir Kinder genossen die Dreisamkeit, neckten und verehrten uns gegenseitig. Als großer Bruder fühlte ich mich sehr gut. Ich spürte mein Verantwortungsbewusstsein gegenüber meinen Schwestern und stellte mir vor, eine weitere Aufgabe im Leben zu haben.

So konnte es dann auch 1991 auf das Gymnasium in Heide gehen. Die Lehrerschaft erklärte sich angesichts der neuen technischen Möglichkeiten mit Computer, Disketten und Druckern dazu bereit, dieses Experiment auf sich zu nehmen. Vorab musste ich lernen, auf einer handelsüblichen Schreibmaschine zu schreiben, um dann auch entsprechend einen Computer bedienen zu können. Auch hier wurde seitens der Sonderpädagogik viel problematisiert. Dennoch fand sich auf Initiative meiner Eltern schnell eine Lehrerin im Nachbardorf, die sich zutraute, mich zu unterrichten, was auch gut und zügig funktionierte. Kurz vor dem Start ins Gymnasium redeten alle wieder vom Ernst des Lebens, davon, dass ich besser sein müsse als andere, und wiederholten viele weitere bekannte Floskeln, die ich mir aber längst zu eigen gemacht hatte.

Ich merkte im Spätsommer 1991 allerdings, dass die Regeln von einst nicht mehr galten. Die neuen Schüler in der Klasse nahmen mich bei weitem nicht so selbstverständlich auf, wie es noch in der Grundschule der Fall gewesen war. Ressentiments, Berührungsängste, Unsicherheit auch auf meiner Seite machten den Start schwer. Auch die Unterrichtsinhalte gingen mir nicht mehr so leicht von der Hand, dennoch biss ich die Zähne zusammen und gab nicht auf. Selbst meine einst beste Freundin wollte – wahrscheinlich auch und insbesondere auf Initiative ihrer Eltern – nichts mehr von mir wissen.

Täglich galt es, die Distanz zwischen dem Wohnort und dem Gymnasium zu überbrücken. Morgens nahm mich ein Bekannter, der in Heide arbeitete, mit zur Schule, mittags kam ich dann mit dem Bus nach Hause. Diese Praxis erschwerte den Tag noch zusätzlich und stahl nicht nur mir, sondern allen Fahrschülern Zeit. Auch die Tatsache, dass der Großteil meiner Mitschüler in Heide wohnte, machte gemeinsame Unternehmungen nicht leichter. Die Langeweile war somit nach der Schule ein steter Begleiter. Die sozialen Bindungen aus der Grundschule rissen nach und nach ab, und obwohl ich mich wahrlich nicht darüber beklagen kann, dass meine Eltern mich überall hingebracht hätten, war das alte Geflecht an Freund- und Bekanntschaften nicht mehr vorhanden. Meine

Schwestern konnten bei mir einiges kompensieren, vergleichbar war es nicht.

Ich fühlte wieder den Atem der Geschichte im Nacken, als eines Morgens über vorrückende Panzer in der UdSSR im Radio berichtet wurde und einer der Architekten der deutschen Einheit – Mikail Gorbatschow – abgesetzt wurde. Boris Jelzin übernahm daraufhin die Geschicke des langsam auseinanderfallenden Riesenreiches. Ich war den ganzen Schultag über unaufmerksam, weil ich ständig über diese Vorkommnisse nachdenken musste.

In der siebenten Klasse schließlich wechselte ich wegen einer weiteren Fremdsprache den Klassenverbund. Hier fand ich zur alten Stärke zurück. Längst sehnte ich mich nach Zärtlichkeit vom anderen Geschlecht. Der letzte Rest an Unsicherheit ließ mich gerade auf diesem Gebiet aber eher unglücklich agieren. Wusste ich, wie die Mädchen reagieren würden? Ihren Gesichtsausdruck konnte ich schließlich nicht nur nicht deuten, ich konnte ihn noch nicht einmal sehen. Eine Ohrfeige wäre nicht das Schlimmste gewesen, doch die zerstörte Hoffnung, bei einem der Mädchen landen zu können, hätte mich nachhaltig umgehauen. So spielte ich den coolen Jungen und hatte schnell den Spitznamen »Killer-Caschi« weg. Mir gefiel es. Früher oder später würde sich eine Gelegenheit ergeben, etwas mit dem anderen Geschlecht anzufangen. Diese Gedanken traten zumindest vorübergehend an die Stelle des Immer-besser-sein-Wollens und Immer-besser-sein-Müssens. Meine Leistungen waren zu dieser Zeit wahrlich nicht berauschend. Dafür spürte ich aber immerhin wieder den Respekt der Mitschüler und die Beliebtheit, wie ich sie in der Grundschule erfahren hatte. Gemeinsam fuhren wir nach Sylt auf Klassenfahrt. Dann organisierte ich auf einer Klassentagung in der Nähe von Husum eine Party, bei der sich erste Liebschaften zwischen meinen Schulkameraden entspannen. Diese Tagung war als notwendig empfunden worden, weil wir doch eine sehr chaotische Klasse waren, an der so einige Lehrer verzweifelten. Ich gehörte wieder dazu und war wirklich glücklich.

Mitten in diese Phase trat die eigentlich schon längst vergessene Grunderkrankung. Im September 1994 fand ich mich auf einmal im Heider Krankenhaus wieder. Mein Mund war trocken, Hals, Kopf und Bauch taten weh, dennoch spürte ich ein ungewöhnliches Hochgefühl. Ich wusste noch, dass ich abends zuvor ein DFB-Pokalspiel im Fernsehen verfolgen wollte. Schließlich war ich seit der gewonnenen Weltmeisterschaft 1990 Fußball- und HSV-Fan.

Den HSV-Floh hatte mir meine Oma aus Plön ins Ohr gesetzt, als ich sie fragte, welcher Mannschaft ich denn nach der Weltmeisterschaft jetzt die Daumen drücken sollte. Dass sich diese Mannschaft nach den erfolgreichen 1980er Jahren eher im unteren Mittelfeld aufhielt, beunruhigte mich zwar, konnte mich aber nicht mehr von diesem Verein trennen. Das gilt im Übrigen bis heute. Somit hatten zumindest die Wochenenden, an denen ich am Radio saß und die Live-Berichterstattung verfolgte, wieder einen Sinn. Im Falle eines HSV-Siegs schaute und schaue ich mir auch den dazugehörigen Fernsehbericht an. Ich kann mit Recht sagen, dass der Fußball meinem Leben einen neuen Sinn verlieh. Dabei ging es mir nicht in erster Linie um die Ballkünste, die ich ohnehin nicht beurteilen konnte, sondern um die Soziologie des Sports. Ein Stadion, in dem so viele Menschen sind, wie Heide nicht einmal Einwohner hat, faszinierte mich. Ein Fest, das von so vielen Menschen gefeiert wird, war auch für mich stets ein Festtag. Bei Länderspielen ging es mir ähnlich. Nicht die Ballstafetten, sondern die Umstände, unter denen Menschen in unterschiedlichsten Ländern diesen Sport feierten und zelebrierten, war das Interessante für mich.

So ging ich Anfang der 1990er Jahre auch dazu über, mir von meiner Mutter aus einem Lexikon Länder mit ihren Basisdaten diktieren zu lassen, die ich dann auf meinem ersten Computer notierte. In Gedanken reiste ich in ferne Länder und fragte mich, wie beispielsweise die Bewohner der Kokosinseln oder des Bismarck-Archipels lebten, wie sie ihren Lebensunterhalt bestritten und eben auch, wie sie Fußballspiele verfolgten. Wahrscheinlich schlummerte schon damals ein Volkswirt mit internationaler Ausrichtung in mir. So konnte es auch nicht verwundern, dass Erdkunde und Englisch schnell zu meinen Lieblingsfächern in der Schule avancierten. Über eine bloße befriedigende Note kam ich aber auch hier nicht hinaus; mir war das zu jener Zeit trotzdem durchaus genug.

Diese Dinge gingen mir durch den Kopf, als ich im Krankenhaus lag und wohl unterbewusst mitbekommen hatte, wo ich war. Angst, an einem fremden Ort zu sein, hatte ich zumindest nicht. Es war für mich vielmehr die Gelegenheit, meine Coolness und Stärke unter Beweis zu stellen.

Nach kurzer Zeit kam eine Krankenschwester ins Zimmer, die ganz anders als die Pflegerinnen, an die ich mich aus Kiel erinnerte, einen sehr fröhlichen Eindruck machte. Das Heider Krankenhaus hatte mittlerweile eine Neurochirurgie bekommen, und auf dieser Station war ich nun untergebracht. Mir wurde ein Eis angeboten, um den Durst zumindest etwas zu bekämpfen, denn so früh nach einer Operation dürfe ich noch nichts trinken. Was war geschehen?

Durch mein Größenwachstum seit meinem vierten Lebensjahr war der Shunt, der das Gehirnwasser ableitete, zu kurz geworden und der Druck im Kopf erneut stark angestiegen. Das hatte, wie ich erst hinterher erfuhr, erneut zu Erbrechen und ebenfalls Orientierungslosigkeit geführt. Dennoch hatte ich unbedingt zur Schule gehen wollen. Mein Pflichtgefühl schien selbst in dieser schwierigen Situation stark ausgeprägt zu sein, und letztlich wollte ich zu

meinen neu gewonnenen Schulkameraden und vor allem Kamera-
dinnen. Meinen Eltern gelang es aber dann doch, mich an diesem
Tag zu Hause zu behalten. Als es mir am Abend immer noch nicht
besser ging, riefen sie dann einen Krankenwagen. Scheinbar war
mein Herz kurz nach dem Eintreffen der Sanitäter nur noch durch
eine stimulierende Spritze wieder angesprungen. Darum wurde
eine Notoperation nötig. Dieses Mal wurde der Shunt allerdings
nicht wieder in eine Arterie gesteckt, weil man ihn wegen des zu
erwartenden Wachstums bald wieder hätte erneuern müssen. Der
Shunt kam in meine Bauchhöhle[5] – das erklärte die Schmerzen, die
ich in diesem Bereich spürte.

Nachdem meine Mutter an diesem Tag mit Unterrichten fertig
war, kam sie sofort zu mir ins Krankenhaus, um nach dem Rechten
zu schauen. Sie war verständlicherweise sehr besorgt und blieb
den Nachmittag über bei mir. Mein Vater konnte erst abends nach
getaner Stallarbeit nach mir sehen. Auch wenn ich es damals nicht
zugeben mochte, genoss ich es, im Mittelpunkt zu stehen und mich
verwöhnen zu lassen. Die Genesung schritt schnell voran, und
nach gut einer Woche konnte ich das Krankenhaus wieder verlassen. Die schlechten Erinnerungen an Kiel wurden auf diese Weise
durch positivere aus Heide ersetzt. Anzeichen für diesen Notfall
hatte es – abgesehen von zeitweilig starken Rückenschmerzen –
kaum gegeben. Diese hätten aber auch mit meinen Wachstums-
schüben oder dem Hanteltraining, das ich in jener Zeit absolvierte,
zusammenhängen können.

---

[5] Statt des VA-Shunts, der mein Gehirnwasser in die Herzkammer ableitete, führte der neue VP-Shunt in die Bauchhöhle (Peritonealhöhle).
Diese Art eines Shunts ist auch gerade bei Heranwachsenden sehr viel
leichter zu implementieren, da ein VA-Shunt nur sehr schwer aus einer
Arterie wieder entfernt werden kann.

Ein Element, das mich in dieser Phase sehr aufgerichtet hat, war die Musik. Es war kein Techno und keine Mainstream-Musik. Zwar hörte ich auch die Charts, seit 1993 hatte ich aber mit Hilfe des Radios meine Liebe zum Heavy Metal entdeckt. Ich meine damit nicht etwa Trash Metal, bei dem man die Melodie vergeblich sucht. Ich meine eher den melodiösen Heavy Metal á la Iron Maiden, vereinzelt Metallica, ACDC oder Queen. Ich sog regelrecht Energie aus diesen Liedern und fühlte mich stark.

Ebenso gewann ich mehr und mehr Interesse an der Politik und war ein absoluter Verehrer der USA, was ich im Übrigen auch heute noch bin. Ich erinnere mich noch gut, als ich meinen Vater nach der Wahl von Bill Clinton 1993 fragte, ob das nun gut oder schlecht für die USA sei, worauf er mir keine endgültige Antwort geben konnte. Ehrlich gesagt hätte ich solch eine Frage heute auch nicht beantworten können. Dennoch halfen mir der Heavy Metal und meine Bewunderung der USA aus der Ferne dabei, die Zeit im Krankenhaus gut zu überstehen. Niemals aufgeben, niemals aufgeben, niemals aufgeben! Das war das Mantra, das mich seit jener Zeit durch das Leben führen sollte.

Ich war seit meinem Krankenhausaufenthalt aber für mindestens ein Jahr nicht mehr wirklich Herr meiner Sinne. Der VP-Shunt, der jetzt in meiner Bauchhöhle endete, funktionierte scheinbar nicht richtig. Es waren keine Kopfschmerzen, sondern eher Bewusstseinsschwankungen, die in mir vorgingen.

Meinen 14. Geburtstag genoss ich dabei trotzdem in vollen Zügen. Es war meine erste richtige Geburtstagsparty, die ihren Namen auch verdiente. Jungs und Mädchen aus meiner Klasse tanzten, küssten und freuten sich an diesem Abend von ganzem Herzen. Ich hatte wirklich das Gefühl dazuzugehören.

Gleichwohl spielte mir der neue Shunt weiter übel mit. Ich bin kein Mediziner und kenne deshalb die Kräfte, die auf ein solches

System einwirken, für eine abschließende Beurteilung nicht gut genug. Dennoch wuchs ich natürlich kräftig weiter, die Schwankungen des Drucks, gerade in der Bauchhöhle, waren sicher auch enorm. So erinnere ich mich daran, dass ich gerade um die Weihnachtszeit 1994/95 sehr verwirrt und vergesslich war, der Schulunterricht aber dennoch ungemindert weiterging. Heute ist es mir ein Rätsel, wie ich die damalige Zeit überstanden habe. Die letzten zwei Monate des Jahres 1994 erscheinen mir im Rückblick äußerst nebulös.

Auch die letztmalige Wiederwahl von Helmut Kohl hat kaum erkennbare Spuren in meinem Gedächtnis hinterlassen. In dieser Zeit erschien mir Politik wie ein Buch mit sieben Siegeln und war mir daher ziemlich egal. Die Tatsache, dass meine Großeltern aus Plön in mein Heimatdorf zogen, um dauerhaft etwas von ihren Enkeln zu haben, war mir da schon wichtiger.

Auch, dass endlich das Satellitenfernsehen in mein Elternhaus und somit auch in mein Zimmer einzog, war für mich von großer Bedeutung. Man möchte meinen, dass ein Blinder nicht viel davon hat, wenn ein Fernseher in seinem Zimmer steht. Doch weit gefehlt: Ich genoss die neuen Programme, die Informationsflut und Unterhaltung. Der Reiz des Unbekannten, des Provokanten und des Internationalen hatten mich schnell in ihren Bann gezogen. Es war für mich ein neuer Draht zur Welt. In Ermangelung für mich interessanter Bücher in Blindenschrift kann ich also sagen, dass auch Fernsehen bilden kann. Ich erschloss mir die Handlung intuitiv anhand der Dialoge und Geräusche. Ob meine Fantasie immer richtig lag, kann ich natürlich nicht sagen. Aber ich stieß auch auf Sendungen, die mein Fußballverständnis sehr gut unterstrichen. Es wurde über Fußballwettbewerbe in den entferntesten Ländern und über die kulturellen Hintergründe berichtet. Und Filme, die wegen ihrer Grausamkeit oder ihrer erotischen Ausrichtung erst für

Zuschauer ab 18 Jahren zugelassen waren, stimulierten zusätzlich meine Fantasie. Die Bilder konnte ich ohnehin nicht sehen.

Im Februar 1995 musste ich abermals ins Krankenhaus. Die Probleme mit dem Shunt waren zu groß, und irgendwann hatte ich scheinbar nur noch bewusstlos auf dem Sofa gelegen. Wie bereits beim vorherigen Mal wurde gesagt, dass nach menschlichem Ermessen nichts schiefgehen könne, was ich aber nicht so recht glauben wollte. Solange es mir gutging, wollte ich diese Aussage nicht hinterfragen – wenn es mich schlecht fühlte, schob ich diese zeitlich begrenzten Phasen auf andere Ursachen zurück. Für die Osterferien 1995 hatte meine Familie daher nun beschlossen, zur Erholung von den Sorgen um meine Gesundheit nach Mallorca zu reisen. Der Hinflug verzögerte sich um fast zehn Stunden und wir saßen auf dem Hamburger Flughafen und warteten. Als der Flug nun endlich startete, waren wir alle erleichtert und etwas aufgeregt. 1993 waren wir zwar schon einmal nach London geflogen; der Ruf der Urlaubsinsel beflügelte unsere Fantasie aber weit mehr.

Es waren auch tatsächlich schöne Tage, die wir im Kreise der Familie dort verbrachten. Ich bekam ein Romário-Trikot, also ein Trikot der nur ein Jahr zuvor zu Ende gegangenen Fußball-Weltmeisterschaft. Die Erholung dauerte so lange an, bis es mir wieder anfing, schlechter zu gehen. Mein Asthma wurde wegen vielfältiger allergener Einflüsse schlimmer, ich wurde müde und wachte schließlich mit einem Schlauch in meinem Mund in einem Krankenhausbett auf. Das alte Leid war zurück, das Gehirnwasser floss abermals nicht richtig ab. Meine Eltern standen an jenem Bett und freuten sich, als ich auf die Frage, wie es mir ginge, mit »wunnerboor« antwortete. Jammern war schon damals nicht mein Ding! Der VP-Shunt hatte abermals nicht richtig funktioniert, sodass meine Eltern ein Taxi orderten und mit mir in die mallorquinische Hauptstadt in ein Krankenhaus gefahren waren. Neben

Gebrechen, die man im Urlaub mal so therapieren muss, gab es dort zum Glück auch eine Neurochirurgie. Und nicht nur das, ein Arzt, der in Frankfurt am Main studiert hatte, sprach trotz seiner spanischen Herkunft Deutsch mit hessischem Akzent. Wie ich später erfahren sollte, hatte er sogar mit einem Heider Oberarzt gemeinsam die Universität besucht. In der Annahme, dass uns auf dieser Reise nichts passieren würde, hatten wir noch nicht einmal eine Auslandskrankenversicherung abgeschlossen, was die Organisation meines Rückflugs erheblich erschwerte. Die Röntgenbilder meines Kopfes waren nämlich nach wie vor nicht wirklich gut. Während meine Mutter mit meinen Schwestern wegen des nahenden Schulbeginns und der Situation auf dem Hof, auf dem meine Großeltern aushalfen, zurückreiste, blieb mein Vater bei mir. Der Nachbar würde auf dem Hof mithelfen. Diese Konstellation steigerte natürlich die Ungeduld meines Vaters und letztlich auch von mir. Wie ich erst später erfuhr, wurde ich zweimal operiert. Nach der ersten OP ging es mir immer noch nicht besser. Erst als mein Vater Druck ausübte und ein Dokument unterschrieb, dass er die Verantwortung für eine weitere Operation übernahm, konnte der rettende Eingriff stattfinden. Das Narkoserisiko wurde als Grund für die Skepsis gegenüber einer weiteren OP ins Feld geführt. Vor dem Hintergrund dieser Erfahrungen wollte man mich ohne ärztliche Begleitung nicht zurückreisen lassen. Wie bereits erwähnt, hätte es keine Versicherung gegeben, die im Fall der Fälle eingesprungen wäre, und man hatte wohl Angst vor einer Klage. Über meine Schullaufbahn machte ich mir in diesem Moment wenig Gedanken. Nach langem Hin und Her fand sich schließlich ein Arzt, der seine Schwester in Berlin besuchen wollte und somit mit uns gemeinsam zurückfliegen konnte. Wir flogen dann halt nicht nach Hamburg, sondern nach Berlin, wo meine Mutter meinen Vater und mich gemeinsam mit meinem Onkel abholen wollte. Als wir am Flughafen der mallorquinischen Hauptstadt auf den Rückflug warteten, ging es mir wieder zunehmend schlechter, was ich aber nicht wahrhaben wollte. Zudem verspätete sich der Flug ähnlich wie auf dem Hinweg um mehrere Stunden. Ich kann die Erleichterung gar nicht beschreiben, als mein Vater und ich endlich im Flugzeug saßen. In Berlin erwarteten meine Mutter und mein Onkel uns dann auch schon sehnsüchtig. In einem für meinen Onkel damals typischen Affenzahn ging es nach Hause, wo meine Großmutter ihrer Erleichterung durch die Zubereitung meines Lieblingsessens Ausdruck verlieh: Bratkartoffeln mit Frikadellen! Ich hatte schließlich auf der Urlaubsinsel auch ordentlich an Gewicht verloren. Ich versuchte somit so viel wie nur irgend möglich in mich hineinzuschaufeln. Frühmorgens wollten mein Vater und ich uns den Boxkampf zwischen George Forman und Axel Schulz anschauen. Bis dahin wollten wir aber noch etwas schlafen. Anders als ich es mir gewünscht hatte, schlief ich aber nicht ruhig und entspannt, sondern übergab mich erstmal. Natürlich führten wir das auf die ungewohnte Essensmenge zurück. Als ich am nächsten Tag aber immer schläfriger wurde, war klar, dass der auf Mallorca eingesetzte Shunt genauso wenig funktionierte wie seine deutschen Vorgänger. So ging es am Abend des darauffolgenden Tages, eines Sonntags, wieder ins Heider Krankenhaus. Zur üblichen Problematik hatte sich jetzt eine Bauchfellentzündung gesellt, und es ging mir wahrhaft nicht gut.

Das Ärzteteam steckte seine Köpfe zusammen und beriet, was man tun könnte. Einen VP-Shunt schien ich nun endgültig nicht zu vertragen. Somit entschloss man sich zu einer damals noch recht wenig verbreiteten Operationsmethode. Lediglich in Australien sei diese OP bislang durchgeführt worden, so hieß es. Es handelte sich um eine Ventrikelustomie. Bei dieser OP wird eine Haut im Gehirn durchstoßen, sodass das Nervenwasser auch ohne Shunt wieder zirkulieren kann. Wenn es schiefgegangen wäre, hätte mir im besten Fall ein Leben im Rollstuhl bevorgestanden. Es ging aber nicht schief.

Einen Tag vor der OP malte ich mir aus, wen ich im Falle meines Todes treffen könnte. Ich dachte an den alten HSV-Trainer Ernst Happel und an John F. Kennedy, ein Politiker, dessen Mythos mich als Amerikafreund damals stark in seinen Bann gezogen hatte. Zum Glück traf ich keinen von beiden, sondern wachte wieder auf. Allerdings war ich körperlich wohl sehr schwach. Ich hatte in dem Jahr bereits zwanzig Kilo an Gewicht verloren, wog zwar immer noch knapp über sechzig Kilo, dennoch musste man mich zunächst im Rollstuhl schieben. Zudem war ich müde und schlapp, konnte kaum nachdenken und war zu kaum etwas fähig. Eine Physiotherapeutin, mit der die Familie bekannt war, empfahl nach meiner Entlassung aus dem Krankenhaus schließlich einen Mix aus Orangen-, Zitronen- und Traubensaft, Traubenzucker und Honig. Diese Kalorien- und Vitaminbombe sollte mich wieder aufrichten, was sie auch schließlich in Kombination mit weiteren Leckereien tat. Das Schuljahr musste ich unerwarteterweise nicht wiederholen, sondern konnte die verpassten Inhalte in den Sommerferien nachholen. Auf Veranlassung des damaligen Direktors war das ein wirklich großes Entgegenkommen. Von den Mitschülern und deren Eltern wurde diese Maßnahme aber zum Teil als ungerechtfertigte Bevorzugung meiner Person angesehen. So war ich erneut ein Fremdkörper in der Schule. Schließlich war ich ja auch lang genug ausgefallen.

Gesundheitlich ging es mir aber zunehmend besser. Ich hatte wahrhaft das Hochgefühl, dem Teufel von der Schippe gesprungen zu sein. Ansonsten waren meine schulischen Leistungen sowie meine sozialen Kontakte gleichsam schwach ausgeprägt.

Dafür konnte ich 1995 ein Stadtderby zwischen meinem HSV und St. Pauli besuchen, das die Rothosen mit 1:0 für sich entschieden.

Auch der Konfirmationsunterricht lief 1995 an. Hier traf ich einige Bekannte aus der Grundschule wieder. Der Konfirmationsunterricht brachte das Gefühl von Vertrautheit zurück, wie ich es einst in der Grundschule empfunden hatte. Es entstand von Neuem das vage Gefühl des Dazugehörens. Keine Sonderrolle, keine Unsicherheit, keine falsche Rücksicht, weder von mir noch von den anderen.

Die Teilnahme an einem Plattdeutsch-Vorlesewettbewerb war Ende 1995 ein Versuch von mir, meine stets vorhandene Motivation und mein Können zu präsentieren. Meine Vorlesekünste waren nicht die Besten, so lernte ich die kleine Geschichte fast auswendig und trug sie in der Schule einer Jury vor. Der Sieger würde zu den Landesmeisterschaften nach Kiel geschickt werden. Ich kam sogar ins Stechen mit einem Mitbewerber, der aber letztlich das Rennen machte. Dieses hatte jedoch wohl nichts mit meiner oder seiner Leistung zu tun. Ich hörte den unverschämten Kommentar eines Jurymitglieds, dass man mich schließlich nicht zu den Landesmeisterschaften schicken könne. Ich habe mich bunt geärgert, wusste in diesem Moment aber auch nicht, was ich sagen sollte. So gab ich mich mit dem Gefühl zufrieden, eigentlich gewonnen zu haben. Es ist eigentlich eine Inhumanität vor dem Herrn, dass man in Anbetracht des gesellschaftlichen Spiegels, in den man blickt, sich selbst als des Sieges nicht würdig erachtet. So selbstbewusst war ich damals freilich noch nicht.

Es half mir aber, Ende 1995 zu einer Geburtstagsparty einer entfernten Verwandten eingeladen worden zu sein. Es war meine erste richtige Partyeinladung ähnlich meiner Geburtstagsparty zum 14. Jahrestag. Ich lernte auf dieser Party eine zwar sehr

umstrittene, bei der Jugend von Lande aber sehr beliebte Rechts-
rockband kennen und machte mir sogleich die Liedzeile

>*Ich will lieber stehend sterben*
als kniend leben,
lieber tausend Qualen leiden,
als einmal aufzugeben«

zu eigen. Dieser Chorus sollte mir Schwung und Mut geben. Ich
verabredete mich dann auch mit drei Mädchen, die mich den
Samstag drauf in meinem Dorf besuchen wollten. Sie kicherten und
waren aus meiner pubertären Sicht heraus wirklich zauberhaft.
Den Samstag drauf erschien allerdings keine von ihnen, und ich
fiel in ein umso tieferes Loch, in welchem ich mich allerdings nicht
wohlfühlte. Somit kroch ich wieder heraus.

Auf der goldenen Hochzeit meiner Großeltern väterlicherseits
konnte ich nur wenig später schon wieder mit einer Rede trump-
fen. Ich trug das plattdeutsche Gedicht »*De Sögentitt*« vor und bekam viel Beifall, was mir guttat.

1996 war auch das Jahr, in dem ich meinen ersten Scanner
bekam. Es war mir fortan möglich, analoge Bücher und Zeit-
schriften selbständig für mich lesbar zu machen. Das verschaffte
mir Einblick in eine ganz neue Welt.

Und in diesem Jahr durfte ich dann zudem erstmals erleben,
dass mein HSV in den Europapokal einzog. So aufgeregt und voller Enthusiasmus war ich noch nie. Die Radioberichterstattung
verfolgte ich unter höchster Anspannung. Bis dann endlich der
erlösende Schlusspfiff erklang! Diese Leistungssteigerung wurde
durch Felix Magath erreicht, der ein unnachgiebig hartes Training
mit der Mannschaft absolviert hatte.

Diese Härte gegen sich selbst war ein wichtiger Antrieb auch für mich in jener Zeit. Vor meinem inneren Auge sah ich mich schon auf einem Truppenübungsplatz von einem Drill Instructor zu Höchstleistungen mit meinen Hanteln angetrieben. Jammern und Wehklagen waren strengstens verboten!

Im Europapokal wurden daraufhin Celtic Glasgow und Sparta Moskau besiegt. Erst in der dritten Runde gegen Monaco war Schluss für den HSV; und der langweilige Fußball- und Schulalltag gingen weiter. Ich übertreibe aber nicht, wenn ich sage, dass mein Selbstwertgefühl und meine Motivation stark von der Leistung des HSV abhingen. Das Selbstbild, Fan eines erfolgreichen Vereins zu sein, macht halt mehr Spaß, als sich mit der Mannschaft ein Looser-Image zu teilen.

Meine Heilung aus dem Jahr 1995 hatte mir einen ersten Hallo-Wach-Moment beschwert. Ich begriff, wie wichtig es war, das Leben zu genießen, und suchte auch verstärkt nach Gelegenheiten, dies zu tun. Ich war zu meiner ersten Scheunenfete eingeladen worden, was mir erneut das vage, vielleicht trügerische Gefühl des Dazugehörens verschafft hatte. Aus großen Lautsprechern dröhnte Rammstein-Musik, und aus einem 100-Liter-Fass Bier strömte für die etwa dreißig jugendlichen Gäste unentwegt kaltes Bier. Als der Gastgeber letztlich selbst gegen 23 Uhr vor der Scheune lag und zu voll des guten Bieres kotzte, war die Party leider schon zu Ende.

Im Jahr 1997 passierte dann etwas Schreckliches. Mein aus Plön stammender Großvater starb. Bauchspeicheldrüsenkrebs lautete die verheerende Diagnose. War er bisher ein Anker der Kontinuität, bekam er wohl unvorstellbare Rückenschmerzen, dicke - Beine und lag schließlich auf der Inneren Station des Heider Krankenhauses, wo er nur wenige Tage nach der Diagnose für immer die Augen schloss. Was insbesondere für meine Mutter,

aber auch die anderen Familienmitglieder ein harter Schicksals-
schlag war, geriet für mich zu einem erneuten Hallo-Wach-
Moment. Ich wurde erneut darauf aufmerksam gemacht, dass das
Leben endlich ist und einem nichts geschenkt wird.

Wie sehr die Inklusion damals missverstanden wurde, zeigte
sich übrigens auf einer Klassenfahrt, die wir im Jahr 1997 unter-
nahmen. Wir fuhren mit unserem damaligen Klassenlehrer und
seiner Lebensgefährtin, die ebenfalls in unserer Klasse unterrichtete, nach Saarburg in einen Freizeitpark, in dem jede Gruppe
ein eigenes Apartment bewohnen konnte. Über die Gruppen-
zusammenstellung gab es im Vorwege sehr viel Streit. Aber letztlich fanden wir uns alle in unserem eigenen Apartment ein. Ein
höchst ungeschickter Schachzug der Aufsichtspersonen bestand
dann darin, die Klasse ohne mich zusammenzurufen, um über
meine Rolle in der Gemeinschaft zu sprechen. Nur wenige Monate
später wäre die Klassengemeinschaft wegen des Kurssystems in
der Oberstufe ohnehin aufgelöst worden. Einer meiner Mitschüler
hielt diese Geheimversammlung aber für so unmöglich, dass er
mich schließlich dazu holte. Als ich dann sagen sollte, wie man mit
mir umzugehen habe, fiel mir natürlich nichts ein. Was hätte ich
auch sagen sollen? Auch heute würde mir in einer solchen Situation nichts in den Sinn kommen. Worte wie »respektvoll«,
»normal« wären wohl Begriffe, die ich verwenden würde. Ich
würde sie aber nicht sagen wollen, weil ich sie bis dahin als selbstverständlich erlebt hatte.

Die alte neue Linke, die sich auch im Lehrkörper manifestierte,
stolperte somit über die Realisierung der eigenen Ideen, die stets
keinen Unterschied zwischen den Menschen machen wollte
und will. Es ist seit jeher ein Gebot der Gerechtigkeit, dass man
gleichen Situationen mit gleichen Mitteln begegnet und ungleichen

Situationen mit ungleichen. Die Kunst ist halt dabei – und daran scheitern die meisten – das Ausmaß der Ungleichheit zu erkennen und die richtigen, maßvoll angewandten Mittel einzusetzen. In Situationen, in denen ich mir eine einfühlsamere Behandlung gewünscht hätte, gab es sie nicht. In Situationen, in denen ich normal behandelt werden wollte, gab es sie dann. Das konnte ich damals aber freilich noch nicht so ausdrücken.

In der Oberstufe schließlich versenkte ich diese ganzen Emotionen tief in der Tonne des Vergessens und machte einen festen Deckel drauf. Zwei Dinge brachten mir in der elften Klasse neuen Mut. Da war zum einen das neue Fach Wirtschaft/Politik, in das ich mich sofort verliebt hatte. Zum anderen war es die elektrische Gitarre, die ich anfing, spielen zu lernen.

An der Dithmarscher Musikschule unterrichtete mich ein junger, vom Rock der 60er und 70er Jahre geprägter Bayer. Es war ein unbeschreibliches Hochgefühl, als ich mir das Instrument erstmals umhängte und dann mit einem Plektron die Saiten anschlug. Eigentlich war ich noch nie musikalisch gewesen und war am Erlernen von Klavier und Keyboard letztlich gescheitert. Aber dieses Instrument gefiel mir. Zwar merkte ich, dass meine Finger nicht wirklich beweglich waren, darum übte ich umso mehr. Und nach einem Jahr konnte ich tatsächlich schon in der musikschuleigenen Band mitwirken. Viel mehr Interesse als daran, fremde Stücke nachzuspielen, hatte ich aber am Komponieren eigener Stücke. So komponierte ich eine Melodie, mein Gitarrenlehrer schrieb dazu eine zweite Stimme, und ich durfte dieses Stück dann im April 1998 auf einer Feier der Musikschule mit meinen Bandkollegen aufführen. Das machte bei meinen Schulkameraden durchaus Eindruck, doch versteckter Neid, Unsicherheit und schlichtweg Desinteresse verhinderten hier eine ernsthafte und ehrliche Anerkennung.

Das Ziel, mein Abitur erfolgreich zu absolvieren, hatte ich weiter fest im Blick. Zwar fand unmittelbar nach der zehnten Klasse ein Treffen mit meinem Klassenlehrer und einigen Kollegen statt, ob es nicht besser sei, angesichts meiner Leistungen ohne Abitur von der Schule abzugehen und eine Verwaltungslehre anzustreben. Da ich aber schon so weit gekommen war, wollte ich davon nichts wissen. Erstmals seit der Grundschule verbesserten sich meine Leistungen daher bereits in der elften Klasse schlagartig.

Für die zwölfte Klasse konnte man Leistungskurse wählen. Die Naturwissenschaften, war man sich einig, seien zu schwer darstellbar. Ich entschied mich daher ohne viel Wehmut für die Fächer Geschichte und Englisch. Der Direktor, der mir einst die Wiederholung der achten Klasse erspart hatte, unterrichtete den Englischkurs, bevor er diesen aus Altersgründen ein Jahr später an eine Alt-68erin abgeben musste, die weit mehr Ahnung von und Interesse an feministischen Theorien als von englischsprachigen Literaten zu haben schien. Dennoch verstand ich mich ausgezeichnet mit ihr. Das verschwurbelte Englisch Shakespeares war genauso wenig mein Steckenpferd wie ihres. Die nicht in Blindenschrift vorhandene Literatur wurde mittlerweile von einem Zivildienstleistenden eingescannt und mir somit handhabbar gemacht. So konnte ich das Werk von Antony Burgess »A clockwork orange« von vorne bis hinten problemlos lesen.

Mein Geschichtslehrer war ebenfalls ein Charakter wie direkt aus Woodstock herübergeholt. Gerade während der CDU-Spendenaffäre 1999 war ich sowohl von Schüler- als auch von Lehrerseite ein beliebtes Opfer für Hohn und Spott, da bekannt war, dass ich nur knappe zwei Jahre zuvor der Jungen Union beigetreten war. Die Lacher, die ich früher nach einem verlorenen Bundesligaspiel des HSV erntete, wurden jetzt abgelöst von Häme nach verlorenen Landtags- und Bundestagswahlen, beispielsweise als nach der Bundestagswahl 1998 auch die schleswig-holsteinische Landtagswahl 2000 an die SPD fiel. Nur einmal, als es um die mit dem Slogan »*Kinder statt Inder*« garnierte Greencard-Idee vom CDU-Spitzenkandidaten in NRW, Jürgen Rüttgers, ging, wurde es mir fast zu bunt. In einer Diskussion im Geschichtsunterricht wollte ich zum Ausdruck bringen, dass es doch beschämend sei, dass wir beispielsweise bei der Kohlernte ausländische Arbeitskräfte holten, die die Arbeit erledigten, für die sich die Deutschen zu schade seien. Bevor ich aber meinen Gedanken vollständig äußern konnte, wurde ich von meinem Geschichtslehrer schon durch die Blume als rechtsradikal bezeichnet. Natürlich war die Greencard nicht mit Tätigkeiten wie der Kohlernte verbunden, darum ging es mir in diesem Moment aber nicht. Ich wollte vielmehr an die Eigenverantwortung des deutschen Staates appellieren. Und dass er sich meine Argumente nicht einmal anhören wollte, war einer offenen Diskussion nicht dienlich. Da ich jedoch mein Abitur nicht gefährden wollte, war ich dann einfach erstmal still.

Eine andere Sache, die sich in dieser Zeit schleichend entwickelte, war ein Knoten in meinem Hals. Die Verhärtung war von außen leicht spürbar, von Zeit zu Zeit schwoll sie an, um dann wieder zu schrumpfen. Es konnte aber nicht sein, was nicht sein durfte! Ich wollte schließlich mein Abitur machen!

So begann für mich 1999 erstmal ein ganz neuer Lebensabschnitt: Das Internet wurde im Hause Dethlefs eingeführt. Gegoogelt habe ich damals nicht – denn anfänglich gab es nur Suchmaschinen wie Altavista oder Yahoo, von Google sprach noch niemand. Ich kam dank meiner Hilfsmittel, der Braillezeile und einer Screenreader Software[6], schnell und gut mit dem Internet zurecht. Bald darauf fing ich an, Mails mit ein paar Leuten zu schreiben. Und natürlich wollte ich das Internet auch nutzen, um endlich eine Partnerin zu finden, denn auf diesem Gebiet hatte sich immer noch nichts ergeben. Ob es unausgesprochene Vorurteile, meine eigene Unsicherheit oder schlicht und ergreifend Missverständnisse waren, wird sich heute nicht mehr ergründen lassen. Als ich einer Klassenkameradin auf der Studienfahrt nach München unter leichtem Alkoholeinfluss meine Zuneigung gestehen wollte, erwiderte diese nur: »Du weißt doch, dass das nicht geht.« Ich gab ihr in diesem Moment recht, wenngleich ich gar nicht wusste, was sie eigentlich meinte. Was sollte da nicht gehen?!

Über das Internet hingegen kam tatsächlich der ein oder andere Kontakt zustande. Ich war aber stets weit davon entfernt, auch nur ein Treffen vereinbaren zu können. Letztlich sorgte das Internet dennoch dafür, dass ich endlich ziemlich autonom mit der ganzen Welt in Kontakt stehen konnte. Die Kosten für das Internet hielten sich im Vergleich zum Telefon auch tatsächlich sehr in Grenzen, sodass niemand etwas dagegen hatte, wenn ich ausgiebig surfte. Es ist nicht übertrieben, wenn ich sage, dass mit dem Internet für mich eine ganz neue Zeitrechnung begann, wenngleich ich die Vielfalt an Möglichkeiten freilich erst im Laufe der Zeit erkannte und wahrscheinlich aktuell noch immer nicht vollständig ausgeschöpft habe.

---

[6] Ein Screenreader ist eine Software, die Blinden und Sehbehinderten anstelle von Text oder grafischen Elementen die Informationen mithilfe nicht-visueller Ausgabegeräte (mittels Sprachsynthese akustisch zumeist über eine Soundkarte oder taktil über eine Braillezeile) ausgeben. Der Begriff stammt aus dem Englischen und bedeutet „Bildschirmvorleser" oder Vorlese-Anwendung.

Das Handy war mir Ende der 1990er ebenfalls eine große Hilfe. Ich musste keine Angst mehr haben, wenn ich mich in einer unbekannten Gegend aufhielt oder mich in einer fast bekannten Gegend verlief – die Hilfe war immer nur einen Griff in die Hosentasche weit entfernt!

Derweil machte mir die Schwellung an meinem Hals immer mehr zu schaffen. Sie schränkte mich zwar körperlich nicht ein, sorgte aber dafür, dass ich mir ausgiebig Gedanken über ihren Ursprung machte.

Meine Schulkollegen freuten sich bereits überwiegend über bestandene Führerscheinprüfungen, die ihnen eine größere Freiheit ermöglichten. Diese Komponente fiel für mich ersatzlos aus. Trotzdem bescherte mir die Tatsache, dass die anderen Auto fahren konnten, indirekt das Gefühl einer größeren Freiheit und Unabhängigkeit, da ich nun mit immer mehr Leuten mitfahren konnte. Ein Rollstuhlfahrer aus einem Nachbardorf durfte seinen Führerschein sogar schon mit 16 Jahren machen, um seine Mobilität zu steigern. Auch das half meinen Kumpels und mir indirekt.

Ich nutzte meine Volljährigkeit auf andere Art und Weise, um Freiheit zu erlangen. Ich setzte einen Teil des gesparten Konfirmationsgeldes und meine erlangte Geschäftsfähigkeit ein, um erstmals am Aktienmarkt aktiv zu werden. Ich hatte schon jahrelang mit meinem Großvater väterlicherseits die Aktienberichterstattung in den Nachrichten verfolgt – er eher aus Interesse an der Sache, ich eher mit praktischen Hintergedanken. So stieg ich in einen europaweit anlegenden Fonds ein und konnte zur Jahrtausendwende ein Plus von zwanzig Prozent verbuchen. Obgleich der Gewinn, als ich ihn realisierte, in absoluten Zahlen doch recht gering ausfiel, fühlte ich mich ausgesprochen wohl in der Finanzwelt. So ging es zu jener Zeit vielen. Die Dot-Com-Blase nahm Anfang des

21. Jahrhunderts bekanntlich unheilvolle Auswüchse an; glücklicherweise war ich früh genug ausgestiegen.

Aber erst einmal machte ich nun tatsächlich mein Abitur. Die Endnote von 2,7 war nun alles andere als berauschend. Für meine unmittelbaren Ziele – so war ich mir sicher – würde sie aber ausreichen. Auf der Verabschiedung hielt ich eine viel beachtete Rede, bei der ich mich beim mittlerweile ehemaligen Direktor bedankte; die Schleswiger Schule erwähnte ich unabsichtlich mit keinem Wort. Als Resümee meiner Schulzeit zitierte ich Seneca junior mit den Worten »vivere militare est«, was so viel heißt wie »Leben bedeutet, kämpfen zu müssen«. Wie sehr mich diese Weisheit auf meinem weiteren Lebensweg begleiten würde, ahnte ich damals noch nicht. Ich hatte dieses Zitat erstmal nur auf meine alles-andere-als-leicht-und-gewöhnlich-verlaufene Schulzeit gemünzt.

Als schließlich in der Lokalpresse über die Abiturientenentlassung berichtet wurde und auch meine Rede Erwähnung fand, gab es anschließend einen geharnischten Leserbrief des damaligen Leiters der Schleswiger Schule mit der Aussage: »Kämpfen allein würde nicht ausreichen. Ohne uns hätte er es nie geschafft!« Das mag sogar sein, ohne die Mithilfe vieler weiterer Menschen aber noch viel weniger. Zu diesen weiteren Menschen zähle ich vor allem die Lehrkräfte des Gymnasiums, die sich in eine unbekannte Situation gestürzt hatten, um mir das Abitur zu ermöglichen. Trotz der beschriebenen kleineren Fehler hatte alles gut geklappt!

Meine Einschulung.

Buch in Braille-Schrift.

Mein Laptop mit Braille-Zeile darunter

In meiner Grundschulzeit.

Beim Weihnachtsmärchen in Aktion.

Seit meiner frühesten Kindheit telefonierte ich gerne.

Und noch eine kleine Schwester für mich.

Nur der HSV.

Auf der goldenen Hochzeit meiner Großeltern.

Mit meiner Gitarre.

Kapitel 4 – Die Akademische Menschwerdung

Da ich wegen meiner vermuteten Zielungenauigkeit vom Wehrdienst befreit war, konnte ich nach dem Abitur sofort meine akademische Laufbahn starten. Diese sollte zunächst an der 1993 gegründeten Fachhochschule in Heide beginnen. Ich hatte bereits vorab Kontakt zu dieser Institution aufgenommen und war mir sicher, dass sie die richtige Anlaufstelle für mich war. Viele Leute, die ganz ähnlich tickten wie ich, kamen dort zusammen. Die damalige Kanzlerin der FH besuchte mich sogar im Unterricht, um sich ein Bild von meiner Arbeitsweise zu machen. Ich meinerseits nahm vorab an einigen Vorlesungen teil. So war der Kontakt schon einmal hergestellt und ich konnte mich bewerben.

Dass nach dem Abitur von nicht wenigen Leuten die Lüge verbreitet wurde, man habe mir das Reifezeugnis geschenkt, störte mich daher nur kurz. Ich hatte andere Vorhaben im Sinn. Beispielsweise wollte ich ins Studentenwohnheim ziehen, um unabhängiger von meiner Familie zu sein, auf eigenen Beinen zu stehen.

Im Studentenwohnheim zog ich in eine Vierer-WG. Ein Maschinenbau-Student aus der Nähe von Hamburg, eine junge Dame aus Sachsen und ein ehemaliger Marine-Soldat aus dem Sauerland waren meine Mitbewohner. Das Zusammenleben empfand ich von Anfang an als völlig unproblematisch. Abends saß man bei einem Bier zusammen; ich hatte mir Fertiggerichte besorgt, die ich selbstständig im Ofen zubereiten konnte, die Hände geschützt durch Kochhandschuhe.

Die Schwellung am Hals konnte medizinisch währenddessen noch immer nicht zugeordnet werden. Vielmehr öffnete sie sich und klares Wasser trat aus der Operationsnarbe von 1984.

Tagsüber trug ich in der Regel ein Pflaster und schluckte viel Antibiotikum. Die ärztlichen Spekulationen reichten von einer Fistel an der Halsspeicheldrüse bis hin zu Morbus Hodgins, einer Krankheit, die ziemlich sicher meinen Tod bedeutet hätte. Mir ging es aber immer noch so gut, dass ich die Verwirklichung meines nächsten Traums in Angriff nehmen wollte, eines Hochschulabschlusses ohne Unterstützung irgendwelcher merkwürdiger Sonderpädagogen und auch ohne Zivildienstleistende. So kam ich auch der Aufforderung des zuständigen Abgesandten für die Berufsorientierung aus Schleswig nicht nach, ihn nach meinem ersten Praktikum in der Controlling-Abteilung des Heider Krankenhauses anzurufen. Wie hätte er mir helfen sollen?

Als die Fachhochschule 1993 gegründet wurde, gab es nur wenige Studenten, die in einem ehemaligen Telekom-Gebäude mitten in der Stadt unterrichtet wurden. Nebenher wurde das neue FH-Gebäude gebaut. Als ich studierte, fanden meine Vorlesungen bereits im neuen Gebäude statt, wenngleich noch gar nicht alles fertig war. Auch der Weg zwischen Wohnheim und FH war noch nicht befestigt, ein von der Krankenkasse bezahlter Mobilitätstrainer hatte mir jedoch gezeigt, wie ich den Weg selbstständig bewältigen konnte. Auch an der FH selbst fand ich immer Leute, die mich zu dem einen oder anderen Hörsaal begleiteten. Ich hatte jetzt keinen stationären Rechner mehr für meine Arbeit, sondern einen Laptop, den ich zwischen Studentenwohnheim und FH hin- und herschleppte. Die Skripts der Dozenten bekam ich auf Diskette. Die groben Zusammenhänge erschlossen sich mir schnell und oftmals rein intuitiv. Insbesondere Marketing war für mich ein interessantes Fach. Die Psychologie der Verbraucher, die Verkaufskunst und der Wechsel der Einstellung gegenüber bestimmten Produkten, Menschen oder Dienstleistungen faszinierten mich.

Aber auch noch etwas anderes gefiel mir. Ich hatte tatsächlich erstmals das Gefühl, nicht mehr über meine Behinderung definiert zu werden. Dieses wurde ganz besonders am Mittwoch, dem 6. Dezember 2000 deutlich, als in dem Begegnungszentrum nahe dem Wohnheim eine Nikolausparty stattfand. Ich war wild entschlossen, trotz meiner ungeklärten Schwellung am Hals an diesem Abend ein Mädchen für mich zu gewinnen. So versuchte ich mit so vielen jungen Damen wie möglich Brüderschaft zu trinken und merkte auf einmal, wie es ein Mädchen nicht nur beim Brüderschaftskuss beließ. Ich spürte, wie sich Leute um uns versammelten und bewundernd, erstaunt und eifersüchtig unser Geknutsche beobachteten. Sie kam aus der Bodenseeregion und bezeichnete sich selbst als links. Ihre politische Ausrichtung störte mich in diesem Moment allerdings nicht. Einzig ihre Stimme gefiel mir nicht sonderlich – sie war zu maskulin und geprägt von zu starkem Zigarettenkonsum.

Nach einer Weile gingen sie und ich in mein circa zwölf Quadratmeter großes Studentenzimmer. Ein wenig Erfahrung hatte ich kurz vorher beim Besuch eines Bordells in Begleitung eines Bekannten sammeln können. Hier verarschten mich anfangs sogar die Nutten. In dem Etablissement meinte eine Dame, mich mit verstellter Stimme immer wieder ansprechen zu können; ich – in dieser Situation vollkommen unsicher – ging darauf ab und dachte tatsächlich, dass es wirklich immer eine andere Dame war. Als ich ihr auf den Leim ging, fing sie dann immer lauthals an zu lachen. Daher wurde wenig später nicht sie, sondern eine andere Dame meine Königin der Nacht. Das lag aber bereits einige Wochen zurück[7]. Dennoch schwangen diese Erinnerungen natürlich in diesem Moment mit.

Zudem merkte ich, wie sturzbetrunken meine neue Bekanntschaft war. Mir gingen auch Dinge durch den Kopf wie: Was machst du, wenn sie dir ein Kind anhängt? Was machst du, wenn sie irgendeine Krankheit hat, mit der du dich anstecken kannst? Ich schaute dem geschenkten Gaul somit sehr tief ins Maul. Deshalb beließen wir es bei der Zungenakrobatik, und sie fuhr anschließend mit dem Fahrrad in ihre Wohnung; das Sofa als Übernachtungsmöglichkeit hatte sie abgelehnt. Mir reichte die Gewissheit, dass es mir jederzeit möglich sein würde, eine Frau für mich zu gewinnen. Das war mehr, als ich während meiner gesamten Schulzeit für möglich gehalten hatte.

Als ich am späten Freitagnachmittag wieder in meinem Elternhaus war, rief meine Bekanntschaft an. Eine meiner Schwestern, die das Telefonat mithörte, sagte gleich: »Die hört sich ja an wie ein Mann.« Wie ein Mann oder eine höchst verkaterte Frau, die sehr viel raucht, möchte ich hinzusetzen. Als ich sie dann fragte, ob sie gut nach Hause gekommen sei, antwortete sie, dass sie mit einem Laternenpfahl äußerst schmerzhafte Bekanntschaft gemacht und seit der Partynacht unheimliche Kopfschmerzen hätte. War das ein Racheakt, weil ich sie nicht gleich ganz vernascht habe? War es auf ihre Betrunkenheit zurückzuführen? Wollte sie damit ihre künftigen Leistungen im Studium entschuldigen? Oder was steckte

---

[7] Sehr viel später erfuhr ich, dass die Schwierigkeit, einen passenden Partner zu finden, durchaus ein weit verbreitetes Problem unter Menschen mit Special Needs ist. Nicht von ungefähr hatten die Grünen wohl Jahre später gefordert, Liebesdienste für diese Gruppe von der Allgemeinheit bezahlen lassen zu wollen. Das wäre natürlich nicht nach meinem Geschmack, da man hier wieder als ohnmächtiger Bittsteller erscheinen würde.

schließlich dahinter? Ich riet ihr, ins Krankenhaus zu gehen, bot ihr meine Hilfe an, redete ihr gut zu und verabschiedete mich. Ich glaube nicht, dass sie wirklich ärztlichen Rat gesucht hat.

Wir sahen uns schließlich jeden Tag an der FH, und sie machte auf mich keinen wirklich kranken Eindruck. Stattdessen beklagte sie sich über die Ungerechtigkeit in der Welt und schmiss die erste Runde der Klausuren. Sie begründete das tatsächlich immer noch mit ihrem Fahrradsturz vom 6. Dezember.

Trotz meiner immer noch nicht richtig diagnostizierten und behandelten Schwellung am Hals absolvierte ich mündlich meine Prüfungen und bestand alle auf Anhieb.

Weltanschaulich hätte es zwischen meiner Bekanntschaft von der Nikolausparty und mir keine größere Differenz geben können. Wir diskutierten über alles und waren fast überall unterschiedlicher Meinung. Ob es um den Schutz des ungeborenen Lebens ging oder um den Stolz auf das eigene Land, ob es sich um die Leistungsgesellschaft handelte – wir kamen einfach nicht auf einen Nenner. Aus heutiger Sicht könnte ich einigen Positionen von ihr durchaus etwas abgewinnen. Damals war ich jedoch stur und wenig mit alternativen Argumentationsmustern vertraut. Dennoch gingen wir weiter miteinander. Liebevolle Zuneigung entwickelte sich nicht. Wir begannen gemeinsam einen Tanzkurs, lernten interessante Menschen kennen; der Funkenflug war aber ganz eindeutig vorbei. Beim Abschlussball unseres Tanzkurses stürzte ich schließlich, als ich mit ihr über die Tanzfläche schwebte. Es war ein Sinnbild für unsere Beziehung.

Währenddessen verschlechterte sich mein Zustand, die Halsschwellung betreffend, so sehr, dass meine Mutter und ich uns vornahmen, zum HNO-Arzt zu gehen und nicht ohne Diagnose die Praxis zu verlassen. Der HNO-Arzt erschrak scheinbar und holte sogleich einen Neurochirurgen aus dem nahegelegenen

Krankenhaus dazu. Gemeinsam stellten sie fest, dass sich der Shunt von einst wohl reaktiviert hatte und die Schwellung verursachte. Das Wasser, das austrat, war nichts anderes als Nervenwasser. Es wurde eine Operation vereinbart, bei der der alte Shunt entfernt werden sollte. Es sei keine große Sache: einfach nur den Shunt aus der Arterie ziehen und zunähen. Ich hatte das unbestimmte Gefühl, dass es so leicht nicht sein würde. Und – wer hätte es gedacht?! – der alte, marode Shunt riss während der OP ab und drohte, ins Herz zu rutschen. In allerhöchster Not konnte der OP-Leiter den Shunt noch von innen am Hals festnähen – und da ist er noch heute. Zum Glück erholte ich mich nach der Operation sehr rasch und konnte leicht verspätet ins kurz vorher begonnene zweite Semester einsteigen.

Auch in diesem Semester ging ich zunächst weiterhin eher lustlos mit meiner Bekanntschaft. Dass sie sich nach meinem Sturz auf dem Abschlussball und einer daraus resultierenden Prellung meines Ellenbogens aber gleich dem nächsten Jungen an den Hals schmiss, konnte wohl nichts anderes heißen, als dass aus uns nichts mehr werden würde.

So konzentrierte ich mich im dritten Semester vollkommen auf die Studieninhalte. Jetzt wollte ich ungestört zeigen, was ich konnte. Zwei äußerst nette Damen aus dem Rheinland waren dabei gute Begleiterinnen, zu denen der Kontakt noch bis heute hält, aber sie sind eben nicht mehr und vor allem nicht weniger als sehr gute Freunde. Daher brach für mich auch eine kleine Welt zusammen, als die beiden Heide verließen und in ihre rheinische Heimat zurück wollten, um ihr Studium dort zu beenden.

Im dritten Semester knüpfte ich zudem Bekanntschaft zu einer äußerst sympathischen Kommilitonin, die erst jetzt ins Studium eingestiegen war. Sie war bereits Bankkauffrau, und wir verstanden uns auf Anhieb. Zu ihr hält der Kontakt ebenfalls noch bis in die Gegenwart; seit 2010 arbeitet sie sogar für mich als meine Assistentin.

»Nicht jammern, sondern noch härter arbeiten!«, war meine Devise. Da kam es mir gerade gelegen, dass meine Mutter, die mittlerweile Schulleiterin in einem kleinen Dorf namens Linden geworden war, mich damit beauftragte, den Kontakt zu Linden in Südafrika herzustellen. Jenes Dorf hatte nämlich weltweit über zweihundert gleichnamige Dörfer gefunden. Man pflegte aber aktuell nur zu einer Handvoll dieser Dörfer wirklich intensiven Kontakt. Ich schrieb also die dortige Schule an und korrespondierte schon bald mit einem jungen Mädchen aus Linden. Meine Fantasie war geweckt. Afrika, ein weites, geheimnisvolles Land, von dem man sonst nur in den Nachrichten hörte. Die junge Dame von dort sprach durchaus gut Deutsch, und so entwickelte sich ein für beide Seiten fruchtbarer Austausch.

Währenddessen absolvierte ich mein Praxissemester in der Verwaltung des Heider Krankenhauses und stellte dabei fest, dass der Öffentliche Dienst für mich keine berufliche Perspektive darstellte, zumindest nicht im Gesundheitswesen.

Ich interessierte mich zunehmend für alte Bücher, Diskussionen, Wissenschaft und Politik. Nachdem ich das Buch »*Kapitalismus und Freiheit*« vom Chicagoer Ökonomen Milton Friedman gelesen hatte, im dortigen Literaturverzeichnis das Buch Hayeks »*Der Weg zur Knechtschaft*« fand und genauso verschlang, um schließlich in dessen Literaturverzeichnis das Buch »*Civitas Humana*« von Wilhelm Röpke zu entdecken, war es um mich geschehen. Bloße Zahlenspielereien, wie es die Betriebswirtschaftslehre verlangte, waren für mich nicht genug. Ich musste die Herleitung kennen, musste marktwirtschaftliche Positionen argumentativ besser darstellen können. Darum beschloss ich nach diesem Praxissemester, meine berufliche Zukunft in der Wissenschaft zu suchen. Ich las

Bücher wie Johann Gottlieb Fichtes »*Reden an die Nation*«, versank teilweise richtig in der Historie einiger Gedanken und Ideen. So wurde das Fach »Wirtschaftspolitik« auch zu meiner absoluten Lieblingsvorlesung. Dass ich zuvor als einer von sehr wenigen die Prüfung im Bereich »Volkswirtschaft« mit der Note 1,3 bestand, half mir zweifelsohne dabei. Obgleich der Prüfer vom eher links interpretierten Ökonomen John Maynard Keynes inspiriert war, hatte er gegen meine Argumente kaum Widerworte.

Daran erinnerte ich mich jetzt nach meinem Praxissemester und machte mich daran, noch viel mehr Bücher einzuscannen und von einem Blindenverband in Marburg auflesen zu lassen. Ich tauchte tief in die Theorie der liberalen Wirtschaftswelt ein.

Die Vorlesungszeit vom 6. und 7. Semester und die damit verbundenen Prüfungen verliefen unspektakulär, aber erfolgreich.

Für meine Diplomarbeit hatte ich mir das Thema »*Die Entwicklung des Wählerverhaltens bei Reichs- und Bundestagswahlen in Abhängigkeit vom Medienverhalten und der politischen Schulbildung*« ausgesucht. Okay, ich gebe zu, dass es kein primär betriebswirtschaftliches Thema war, für die Einsatzplanung des jeweiligen Parteienbudgets aber schon von Bedeutung sein konnte; und außerdem sollte ich ja stets besser und anders sein als andere. Es ging mir in erster Linie darum, die Steuerbarkeit der Wähler in einer Demokratie durch mediale Einflüsse zu untersuchen. Der Medienkanzler Schröder gab mir dazu Anlass. Heute mag sich so ein Thema wie aus der tiefsten Ideenwerkstatt der AfD anhören. Tatsächlich hoffte ich, dass es den Wählern mehr um Inhalte ging als um mediale Darstellungen. Mittlerweile weiß ich sehr viel mehr über den medialen Politikbetrieb und kenne einige Tricks, mit denen man sich Medien auch gewogen machen kann. Mein Betreuer schien das Thema ebenso spannend zu finden, sodass von der FH eine bundesweite Umfrage in Auftrag gegeben wurde. Damals war ich noch sehr zahlengläubig. So wie Steven Hawking nach der Weltformel in der Physik suchte, suchte ich nach einer Formel zur Verhaltensbeeinflussung durch Marketinginstrumente. Heute vertrete ich die genau entgegengesetzte These und möchte dem Menschen so viel eigenen Entscheidungsspielraum wie möglich einräumen. Die rein quantitative Sicht auf die Wirtschaft wird niemals zu einem realistischen Abbild des komplexen Geflechts von Angebot und Nachfrage führen. Dennoch finde ich es auch noch heute interessant, wie man die Mediengläubigkeit durch geschicktes Fragen offenlegen konnte. Das folgende Zitat Wilhelm Röpkes aus seinem 1954 erschienenen Aufsatz »*Rechnung ohne den Menschen*« beschreibt das Spannungsverhältnis von quantitativer und qualitativer Wirtschaftswissenschaft wohl am besten:

> »*Es ist eine bestimmte Art, Wirtschaftsgeschichte zu treiben, eine aufschlußreiche und die Abwägung der Zukunftschancen stützende Art, aber diese Abwägung wird immer auf die grundsätzliche Ungewißheit und Unberechenbarkeit der Zukunft im Wirtschaftsleben zurückgeworfen. Jede Extrapolierung über die Vergangenheit und Gegenwart hinaus ist Mißbrauch und Mißverständnis. Alle unvorhersehbaren Kräfte, die die menschliche Geschichte als Ganzes bewegen, können jederzeit Angebot und Nachfrage in einer Weise verändern, die jeder ökonometrischen Erfassung spottet, und fortgesetzt neue und unerwartete Konstellationen herstellen.*« (Röpke 2009, S. 260)

Ich sah mich schon als Spindoktor in einem führenden Meinungsforschungsinstitut, als Professor für Medienethik oder eine Führungskraft in der politischen Bildung. Schließlich hatte ich eine 207 Seiten starke Diplomarbeit geschrieben, wo andere nur 80 oder 100 Seiten zusammenbrachten. Nun ist Masse zwar nicht

Klasse, allerdings hatte ich Quellen aufgetan und Gedanken ein-
fließen lassen, die ich bisher in keiner wissenschaftlichen Arbeit
dieses Fachs entdeckt hatte. Später veröffentlichte ich diese Ausarbeitung dann auch unter dem Titel »Die Wähler werden immer
wählerischer« als für jedermann erhältliches Buch.

Die Angst davor, anders zu sein, hatte ich in der Zwischenzeit
vollkommen abgelegt. Ich schloss das Studium mit einer Durch-
schnittsnote von 1,7 ab, für meine Diplomarbeit gab es eine 2,0. Mir
hätten somit noch 0,2 Punkte gefehlt, um mit einem FH-Abschluss
an einigen Universitäten direkt promovieren zu können. Es stand
auch die Möglichkeit im Raum, nach dem Abschluss an der FH zu
bleiben.

Erst einmal wollte ich aber nach dem Ende meines Studiums im
Dezember 2004 nach Südafrika reisen. Die junge Dame von dort
war mittlerweile im Rahmen eines Schüleraustauschs in Deutschland gewesen, und wir hatten uns persönlich kennengelernt. Es
erwuchs eine Freundschaft, aus der aus meiner Sicht auch mehr
hätte werden dürfen, aber das dachte ich damals bei fast jedem
Mädchen. So flogen meine erstgeborene Schwester und ich im
März 2005 nach Johannesburg, dessen Vorort das dortige Linden
war. Als wir aus dem Flugzeug stiegen, konnte ich es gar nicht
fassen, afrikanischen Boden zu betreten. Ich fühlte mich wirklich,
als sei ich angekommen. Ich hatte eine gut recherchierte Diplomarbeit verfasst, hatte zusätzlich volkswirtschaftliches Knowhow,
hatte einen Arbeitskreis Bio- und Medizinethik in der Jungen
Union geleitet, musste wegen meines Handicaps häufig und
geschickt improvisieren und war mit schweren Situationen
vertraut. Welcher Arbeitgeber würde nicht von so jemandem
träumen? Somit konnte ich mir nach dem Studium entspannt eine
Auszeit in Afrika gönnen.

Meine Bekanntschaft lebte bei ihrer Mutter und ihrem Stiefvater. Ihr leiblicher Vater hatte seine wahre sexuelle Orientierung erkannt und lebte jetzt mit einem Mann zusammen.

Wir bereisten das Grenzgebiet zu Simbabwe, fuhren durch den Krüger Nationalpark, besuchten Soweto und hatten viel Spaß. Es war eine ganz andere Welt! Die Herzlichkeit der Südafrikaner war mit Händen zu greifen. Die Unbeschwertheit, nach der man sich in Deutschland oftmals sehnte, schien hier zuhause zu sein. Eine weitere Kuriosität bestand darin, dass ich als blinder Mensch auf einem Kontinent, der von Rassenunruhen gebeutelt war, die Hautfarbe der einzelnen Menschen gar nicht beurteilen konnte. Für mich spielte die Einordnung der Afrikaner in bestimmte ethnische Gruppen überhaupt keine Rolle.

Des Weiteren genoss ich das südafrikanische Bier und lernte viele interessante Speisen kennen. Mein Horizont erfuhr somit auch auf diese Art und Weise eine Erweiterung.

Interessanterweise fand während unseres Besuchs in Simbabwe eine Wahl statt, von der angeblich jeder bereits vorher den Ausgang zu kennen meinte: Der damalige Machthaber Robert Mugabe würde sie gewinnen. Ich konnte es nicht glauben, zumal der Oppositionsführer während der Auszählung der Stimmen lange Zeit mit über 10 Prozent der Stimmen vor dem Amtsinhaber lag. Am Ende der Auszählung wurde jedoch bekannt, dass es mehr Stimmzettel als Wähler gab, die in die Urnen befördert worden waren – auf einmal lag der Amtsinhaber vorn ... Diese Begebenheit war für meinen damaligen Interessenschwerpunkt natürlich außerordentlich interessant. Bedauerlicherweise hat sich in den Ländern der Region scheinbar bis heute nicht viel geändert; selbst wenn mittlerweile einige Machtwechsel stattgefunden haben.

Nach meiner Rückkehr aus Südafrika im April kam es dann jedoch anders, als ich es mir ausgemalt hatte. In Schleswig-Holstein hatte unterdessen nach etlichen Jahren endlich wieder ein CDU-Ministerpräsident die Regierungsgeschäfte übernommen, was mir aus parteipolitischer Sicht sehr gefiel. Ich erhoffte mir dadurch zusätzlichen Schwung für meine Karriere und Anerkennung meines bisherigen Wirkens. Im Mai traf ich mich dann mit dem Betreuer meiner Diplomarbeit zu einem gemeinsamen Interview mit der Lokalpresse – der große Artikel erschien im Juli, ansonsten geschah aber nichts!

Hinsichtlich der Beschäftigung meiner Person an der Fachhochschule herrschte ebenfalls Funkstille. Vielleicht hat man von Seiten der Bildungseinrichtung auf Ideen für einen Lehrauftrag meinerseits gewartet – Jahre später kamen wir auf diese Weise tatsächlich zusammen. In der Situation nach meinem erfolgreichen Studium fühlte ich mich allerdings verarscht. Dieses schmerzte umso mehr, da ich diese Institution sehr schätzte und heute wieder aus vollem Herzen schätze. Ich finde es großartig, dass es in Heide eine Fachhochschule gibt, deren Studenten – das Wort Studierende vermeide ich bewusst – nahezu 10 Prozent der Gesamtbevölkerung der Stadt ausmachen. Zudem hat sich diese Institution mittlerweile zu einem deutschlandweit anerkannten Zentrum für die Ausbildung von Tourismus-Experten entwickelt.

2005 war ich allerdings verwirrt. Verwirrter noch als ich waren meine Eltern. Leistung und Erfolg gingen auf einmal nicht mehr Hand in Hand. So etwas kannten wir alle nicht! Die Ungeduld und der Druck, den ich mir selbst machte, stiegen ins Unermessliche. Ich bewarb mich zwar auch auf dem allgemeinen Arbeitsmarkt, doch ohne wirklichen Erfolg. Was wirklich dahintersteckte, sollte mir erst später, sehr viel später klar werden. Ein Jahr danach, im Jahr 2006, war immer noch nichts passiert. Ich war mir sicher, würde ich nicht bei der FH landen, würden für mich nur blindenspezifische Tätigkeiten übrig bleiben, die ich grundsätzlich nicht ausüben wollte.

In der Zeitschrift der Jungen Union »*Ins Schwarze*« hatte ich seinerzeit einen Artikel veröffentlicht, in dem ich Wilhelm Röpke zitierte. Das wiederum weckte das Interesse eines Travemünder Diplom-Kaufmanns, der gerade eine Diplomarbeit über selbigen verfasst hatte. Er kontaktierte mich, sandte mir das Manuskript seiner Arbeit zu – es entstand eine fruchtbare Bekanntschaft, er empfahl mir interessante Bücher, und ich tauchte weiter ein in die theoriegeschichtliche Welt der Volkswirtschaftslehre.

Um mein Wissen nicht veralten zu lassen und meine Chancen auf eine gute Tätigkeit zu wahren, begann ich ein Fernstudium der Wirtschaftswissenschaften an der Fernuniversität in Hagen. Leichtsinnigerweise war mein Gedanke, dass es ja nicht so anstrengend sein könne, da ich bereits ein ähnliches Studium abgeschlossen hatte. Die praktische Erfahrung war aber, dass ich durch die erste Klausur, die man mir per Mail zuschickte, durchfiel. Die Grafiken waren für mich tatsächlich schwer zu erfassen. Der Prüfungsamtsleiter war allerdings sehr bemüht, und so kamen wir überein, dass ich 2006 eine mündliche Prüfung in Hagen absolvieren durfte. Ich suchte mir eine Begleitperson, mit dem Zug ging es in die Ruhr-Metropole. Die volkswirtschaftliche Prüfung bestand ich knapp, aber souverän. Durch die Prüfung im Bereich Allgemeine BWL fiel ich durch, was die Zweifel an der Qualität meiner bisherigen Ausbildung, an mir und überhaupt nährte.

Darüber hinaus musste ich mir schon wieder Sorgen um meine Gesundheit machen. Ab Mitte 2006 fiel ich nämlich oftmals einfach um. Die Erinnerungen an meine Grunderkrankung – der Tumor in meinem Kopf war schließlich immer noch vorhanden – waren wieder da, es wurde nach einfachen Erklärungen gesucht, an die aber niemand wirklich glaubte. Schon während der Niederschrift meiner Diplomarbeit hatte ich hin und wieder Kopfschmerzen gehabt – da es dieses Mal aber definitiv nicht am Shunt liegen konnte, hatte ich mir keine allzu großen Sorgen gemacht. Doch allmählich konnte ich meine Ängste nicht mehr beiseiteschieben. Der fromme Selbstbetrug und Ausreden aller Art wirkten nicht mehr.

Dennoch versuchte ich mit aller Macht, meine hart erkämpften Qualifikationen zu Geld zu machen. Da ich immer noch keine Partnerin gefunden hatte, setzte ich auch alles daran, von zuhause wegzukommen. Doch ohne Arbeit und ohne viel Geld war das verständlicherweise kaum möglich. Aus diesem Grunde hatte ich neben dem Studium das Konzept des »*Wissenspools Westküste*« erarbeitet und mir als freiwillige Hausarbeit von einem Professor an der Fernuniversität begutachten lassen. Es ging hierbei darum, ein intra-regionales Wissensmanagement für die Westküstenregion zu installieren, um daraus zwecks besserer Vermarktungsmöglichkeiten ein Kompetenzprofil entstehen zu lassen. »*Ein regionales Wissensmanagement als profilbildende Maßnahme der einzelnen Regionen im Standortwettbewerb am Beispiel der Westküstenregion Schleswig-Holsteins*« lautete 2007 somit auch der zugegeben sperrige Titel meines ersten Buches. Ein Verlag, der sich auf Hausarbeiten spezialisiert hatte, wollte zukünftig auch gedruckte Bücher herausgeben. Diese Gelegenheit ergriff ich im Sommer 2007. Doch bevor es so weit kam, lag noch ein hartes Stück Weg vor mir.

Nach der ersten Prüfungsrunde in Hagen bot sich mir zunächst die Gelegenheit, in Heide in einem neu eröffneten Call Center zu arbeiten. Ich sollte per Telefon die Glückslose von bundesweit bekannten Lotterien vertreiben. Nun, telefonieren mochte ich schon immer gern, neue Leute kennenlernen und Produkte verkaufen ebenso. Somit schien mir Ende 2006 dieses Jobangebot wahrhaft eine gute Gelegenheit zu sein.

Verarscht fühlte ich mich allerdings zum wiederholten Male von der Sozialverwaltung. Vor dem Antritt meiner Call-Center-Tätigkeit fuhr ich nach Bonn zu einer speziellen Arbeitsvermittlung für Menschen mit Behinderung und besuchte auf diesem Wege eine meiner Studienfreundinnen aus dem Rheinland. Erst wurde mir von der Vermittlungsstelle ein Jobangebot beim Bundesnachrichtendienst in Aussicht gestellt, worüber ich sehr erfreut war. Als ich dem Mitarbeiter dann aber vom Call-Center erzählte, war keine Rede mehr von dieser Option, es ging nur noch darum, wie man meinen Arbeitsplatz am besten subventionieren könne. Für mich war das Call-Center nur eine Möglichkeit, während meines Studiums Geld zu verdienen; das sah man bei dieser Behörde anders. Ich sollte es wahrscheinlich nicht hören, aber der Mitarbeiter sagte klar und vernehmlich: »Wenn er erstmal Geld verdient, bleibt er schon da.« So fuhr ich unverrichteter Dinge von Bonn wieder mit dem Zug nach Heide und startete wenig später, allerdings wegen des hohen Bürokratieaufwands dann doch noch später als gedacht, meine Zeit als Losverkäufer.

Die Gleichgewichtsstörungen nahmen unterdessen stark zu, und ich fiel des Öfteren hin. Mir brachte die Arbeit aber großen Spaß. Ich arbeitete mit wirklich im positiven Sinne verrückten Leuten zusammen und hatte auch durchaus Erfolgserlebnisse[8]. Auch heute ertappe ich mich noch dabei, wie ich die Regeln meines damaligen Chefs befolge. Mittlerweile stehe ich auch wieder mit ihm in Kontakt; aktuell versucht er sich an Filmprojekten. Nicht zu

---

[8] Ich sehe mich auch als durch und durch positiven Menschen, gleichwohl bin ich nicht naiv. Naivität kann man sich mit einer Behinderung nicht leisten; vielmehr braucht man eine sehr gut funktionierende Menschenkenntnis.

vernachlässigen war, dass ich neben den vierhundert Euro Landesblindengeld jetzt auch endlich ordentlich verdiente. Mein Ziel war es, durch ein längerfristiges Engagement die Hilfsgeräte wie Braillezeile, die von der Arbeitsagentur gestellt wurden, in meinen Besitz übergehen zu lassen und endlich eine eigene Wohnung zu haben.

Nebenher studierte ich weiter. Wie man mir mitteilte, könne ich die Prüfung, bei der ich durchgefallen war, bald wiederholen.

Mein Gesundheitszustand verschlechterte sich allerdings abermals. Kopfschmerzen, Gleichgewichtsstörungen und Müdigkeit machten ein produktives Arbeiten fast unmöglich. So kündigte ich mein Arbeitsverhältnis nach nur zwei Monaten. Im Januar 2007 hielt ich an der Volkshochschule in Heide noch einen Vortrag mit dem Titel »*Die Macht des Volkes, eine Illusion?*«. Während man mit einem solchen Titel heute sehr wahrscheinlich ein vermeintliches Regime, das von einer »Kanzlerdiktatorin« geführt wird, kritisieren könnte, meinte ich vor allem die Medien, die bisweilen doch zumindest gefühlt tendenziös berichteten. Es hatte zwar mittlerweile auch auf Bundesebene ein Regierungswechsel stattgefunden, dennoch ging es mir weiter darum, dass die Menschen selbst nachdachten, wen sie wählen und warum. Die damals aufkommende »Wahlalternative für soziale Gerechtigkeit« (WASG)[9] war hier insbesondere mein politischer Gegner. Mit gleichem Recht hätte man auch die ethischen Grundüberzeugungen der Politiker abklopfen können und müssen. So weit hatte ich damals aber noch

---

[9] Arbeit & soziale Gerechtigkeit – Die Wahlalternative (WASG) war 2004 eine linksgerichtete politische Partei in Deutschland. Sie vertrat v.a. demokratisch-sozialistische, sozialdemokratische und gewerkschaftsnahe Positionen, war aber auch politischer Anlaufpunkt für Eurokommunisten und diverse andere linke Gruppen. 2007 wurde die Vereinigung der WASG mit der PDS zur Partei Die Linke formell beschlossen.

nicht gedacht. Während dieses Vortrags musste ich mich schon sehr an einem Stuhl festhalten, um mein Gleichgewicht nicht zu verlieren. In meinem Zustand konnte ich den Argumenten auch schlecht Contra bieten, die von Verschwörungstheoretikern aller Art schon damals im Umlauf waren. Da ging es um die vermeintlich böse Macht der Freimaurer, um russischen Einfluss auf die Demokratie und um außerirdische Mächte – was heutzutage durch die Medien geistert und als neue böse Verschwörungstheorien teilweise auch zu Recht gebrandmarkt wird, war vor über zehn Jahren bereits salonfähig.

Kurze Zeit später – mein Arbeitsverhältnis im Call-Center war beendet – rief mich eine meiner Freundinnen aus dem Rheinland an. Sie kenne jemanden, der auch Call-Center-Agenten suche und überhaupt ein umtriebiger Mensch sei. So telefonierte ich mit ihm und wollte ein Treffen arrangieren. Er war vor allem Webdesigner und hatte selbst ein Call-Center betrieben. So kam es, dass wir, meiner einstigen Ausarbeitung folgend, die Internetplattform des »Wissenspools Westküste« auf den Weg brachten. Ziel war es, Unternehmen bei ihrer Präsenz im Internet zu helfen. So rief ich allerhand lokale Unternehmen aus den unterschiedlichsten Branchen an, unterbreitete ihnen ein Angebot, dass mein Kollege für sie aussagekräftigere Websites programmieren würde, und sammelte sie auf meiner Webseite.

Im April 2007 – wir waren gerade gemeinsam in Heide auf Kundenakquise unterwegs – ging es mir derart schlecht, dass ich mich nur wenig später im Krankenhaus wiederfand. Mit meinem Shunt konnte mein Zustand nichts zu tun haben – ich hatte ja aktuell gar keinen. So landete ich wegen vermeintlich epileptischer Anfälle erstmal auf der Neurologie, wo mir entkrampfende Substanzen verabreicht wurden. Mein Allgemeinzustand verbesserte sich aber kaum. Ich hatte scheinbar auch die Augen die ganze Zeit geschlossen, was für mich überhaupt nicht typisch war. Nach etwa zehn Tagen wollte man mich als austherapiert entlassen; meine Mutter hingegen betrachtete die Situation äußerst skeptisch. Sie holte die Ärzte, die mich einst auf der Neurochirurgie behandelt hatten, und bat sie, einen Blick auf mich zu werfen. Schnell lag ich dann auch wieder im MRT. Die Diagnose lautete, dass die Öffnung, die 1995 geschaffen worden war, um das Gehirnwasser abfließen zu lassen, sich wieder geschlossen hatte.

Das alte Spiel wiederholte sich: Man setzte mir einen VP-Shunt, es folgte wieder eine Bauchfellentzündung und schließlich eine große OP, in der mir wieder ein VA-Shunt eingesetzt wurde. Obwohl ich wahrlich schon einige schwere Behandlungen durchmachen musste, hatte ich bei diesem Krankenhausaufenthalt vermutlich mein erstes Nahtod-Erlebnis. Ich erinnere mich an einen Traum, bei dem ein Hund zu mir kam, der unserem Hofhund Ben sehr ähnlich war. Er sagte nichts, ich spürte aber, wie er mich drängte, mit ihm zu kommen. Ich wusste, dass es ein Traum war; aufwachen konnte ich aber nicht. Als ich mich schließlich doch wieder in der Realität wähnte, kam ein Pastor mit Pferdefuß zu mir... Ich bin nicht abergläubisch, Gewicht erlangte dieses Erlebnis jedoch, als mir Jahre später ein Bekannter, der sich ebenfalls in einer lebensbedrohlichen Lage befand, ganz ähnliche Eindrücke schilderte.

Am selbigen Tag wurde ich nochmals operiert. Die Genesung verlief im Anschluss aber wieder schnell und komplikationslos. So heftig und erschreckend dieses Erlebnis war, beschwerte es mir doch einen freundschaftlichen Kontakt zu zwei Oberärzten der Neurochirurgie. Aus Lebensrettern wurden auf diese Weise treue Lebensbegleiter.

Schon bald konnte ich mein Fernstudium wieder aufnehmen. Auch arbeiten wollte ich wieder, daher fragte ich meine Parteikollegen der Landesregierung um Rat. Sie machten mich auf eine halbe Stelle an der FH in Kiel aufmerksam, wo ich mich bewarb und angenommen wurde. Doch im Nachhinein betrachtet war nicht alles Gold, was glänzt.

Zum einen ging es um die Aufgabenstellung an sich – eine meiner Aufgabe war, Websites auf ihre Barrierefreiheit hin zu überprüfen. Mir war und ist Barrierefreiheit verständlicherweise ein Herzensanliegen, doch das Ziel meiner Tätigkeit war, dabei möglichst große Defizite festzustellen, damit der Fachbereich sie entsprechend neu programmieren und Geld verdienen konnte – es ging gar nicht darum, etwas für Menschen mit Behinderung zu tun! Moralisch eine höchst fragwürdige Zielsetzung.

Zweitens hatte sich meine Prophezeiung, dass ich außerhalb der mir bekannten Sphäre an der FH in Heide keinen nach meinen damaligen Maßstäben vernünftigen Job finden würde, bewahrheitet. Auch das deprimierte mich.

Drittens stieß ich in der Person einer Kollegin auf ein Verhalten gegenüber behinderten Menschen, das ich vehement ablehne. Über ihren Bruder, der kognitiv eingeschränkt war, hatte sie zwar eine Verbindung zum Thema »Behinderung«, besaß sonst aber kaum Empathie für diesen Bereich. Sie meinte, alles besser zu wissen. Auf der einen Seite wollte sie Menschen mit Behinderung stärken, auf der anderen Seite nahm sie diese nicht für voll. Was sie schon gar nicht verkraftete, war, wenn ich als Mensch mit Behinderung etwas besser wusste als sie. Dieses Phänomen, das mehr Schein als Sein vorgibt, ist in diesem Kontext leider nur allzu verbreitet. Wer mit seinem eigenen Gut-Mensch-Sein nicht glänzen kann, dem ist die Inklusion nichts wert. Das erfuhr ich auf die härteste Weise.

Und damit komme ich zum vierten Kritikpunkt: Mir war es bereits damals, und ist es noch heute, ein Herzensanliegen, aufzuzeigen, was Menschen mit Behinderungen leisten können und nicht ihre Schwächen nach außen zu tragen. Ich kam mit den angeblich nicht barrierefreien Websites nämlich bestens zurecht. Das gefiel keinem der beteiligten Kooperationspartner – der Blindenverband Schleswig-Holstein gemeinsam mit dem Sozialministerium und meinem damaligen Arbeitgeber, der FH in Kiel – bedeutete das für sie doch eine Schmälerung der Einnahmen.

Eine weitere Aufgabe war, an der Entwicklung einer Internetplattform mitzuwirken, die barrierefrei sein und den blinden Menschen die Bedienung des Web 2.0 ermöglichen sollte. Zeitgleich meldete ich mich parallel bei dem sozialen Netzwerk *Xing* an, das sich weder als ausgesprochen barrierefrei bezeichnete, noch einen sozialpolitischen Hintergrund repräsentierte. Was soll ich sagen? Diese Webseite konnte ich wirklich problemlos, eigentlich sogar besser als unsere eigene Plattform, bedienen. Die Summe von in Worten einhundertundachzigtausend Euro, die für die Erstellung unserer Internetpräsenz von unterschiedlichen Stellen bewilligt wurde, treibt mir noch heute die Tränen in die Augen – zumal sie längst schon wieder offline gegangenen ist!

Da ich während dieser Zeit in meinem Fernstudium aber das Kapitel »Interessengruppen« erarbeitete, wunderte mich diese Praxis nicht. Es war von Dingen wie »Vorschicken schwacher Mitglieder«, »Selektive Informationsabgabe« etc. die Rede. Die Interessendurchsetzung funktioniert häufig besser, wenn man öffentlichkeitswirksam jammert. Aus diesem Grunde schickt man besonders die vermeintlich schwächeren Mitglieder medial nach vorne. Auch ist es häufig vorteilhaft, nicht alles zu sagen, was man über ein bevorstehendes Projekt weiß – man betont vor allem die Extreme. Also genau das, was ich seit jeher am Blindenverband und anderen Zusammenschlüssen kritisierte.

Genau wie aus Gewerkschaften oder Industrieverbänden konnte man aus dem Blindenverband zwar austreten, doch zum einen kann ich meine Blindheit nicht einfach ablegen. Und zum anderen fallen die Vorurteile, die dieser Zusammenschluss in der Öffentlichkeit verursacht, den Betroffenen ebenfalls weiter vor die Füße. Die Behinderung sieht man mir an – ob ich mit den Positionen und Praktiken eines derart gierigen und die persönlichen Leistungsunterschiede nivellierenden Wohlfahrtsverbands einverstanden bin, kann von außen niemand erkennen. Ich spreche daher auch lieber von einer Zwangsgemeinschaft.

Anfang 2009 endete mein Vertrag an der Fachhochschule in Kiel, und ich führte mein Fernstudium erfolgreich zu Ende. Ich schloss dieses mit einer vergleichenden Arbeit über die Interessengruppen in Deutschland und der USA ab. Die Abschlussnote belief sich letztlich auf 2,0.

Kapitel 5 – Die Krönung

Nach meiner Studienzeit wollte ich nichts dem Zufall überlassen und strebte eine Promotion an.

Über meinen Bekannten, der wegen seiner Diplomarbeit über Wilhelm Röpke auf mich zugekommen war, erhielt ich Kontakt zum Wilhelm-Röpke-Institut in Erfurt, wo jährlich eine Röpke-Vorlesung stattfindet und sich viele mehr oder weniger bekannte Gesichter aus Wissenschaft, Wirtschaft und Politik tummeln. Ich stellte einen Mitgliedsantrag und besuchte 2008 zum ersten Mal diese Veranstaltung.

Nach der Veranstaltung kam dann der damalige Vorsitzende des Instituts auf mich zu und teilte mir mit, dass meinem Antrag von der Mitgliederversammlung stattgegeben wurde. Ein thüringischer Minister, der nur ein paar Meter entfernt stand, bekam sich vor Staunen gar nicht mehr ein: »Sie?« Er konnte nicht glauben, dass ein Blinder diesem so wirtschaftsfreundlichen und ordnungspolitisch strengen Thinktank beitreten wollte und dann auch noch wirklich aufgenommen wurde. Natürlich steigerte seine Reaktion mein Hochgefühl in diesem Moment, zeigte mir aber auch, wie viel noch zu tun war, um das große Ziel einer selbstverständlichen Gleichberechtigung von Menschen mit und ohne Behinderung zu erreichen. Der Vorsitzende stieß hingegen ohne jegliche Berührungsängste mit mir auf meine Aufnahme an und freute sich über ein weiteres interessiertes Mitglied seines Instituts. Auch der damalige Vortragende, einer der späteren Mitbegründer des ersten, nur euroskeptischen Entwurfs der AfD hätte mich sicher gern für sich gewonnen. Das gelang ihm allerdings nicht. Ich hielt diese Tendenzen bereits zur damaligen Zeit für äußerst fragwürdig, genau wie ein bulgarischer Wissenschaftler, den ich bei diesem

Treffen in Erfurt kennenlernte und der schnell zu einem sehr guten Freund avancierte.

Stattdessen freute ich mich 2009 über das Zustandekommen der schwarz-gelben Bundesregierung und legte viele Hoffnungen in diese Regierungskonstellation, musste aber zunehmend erkennen, dass es nicht die Parteien allein waren und sein konnten, die für die Zustände im Land verantwortlich waren; vielmehr war jeder einzelne seines Glückes Schmied oder – als Zusammenschluss einzelner Menschen – nahmen Verbände die Zügel in die Hand. Dennoch gefiel mir der Grundtenor der Regierung, dass sich Leistung wieder lohnen müsse. Schließlich hatte ich mich gefühlt und auch tatsächlich schon sehr angestrengt, ohne es im Leben wirklich weit gebracht zu haben.

Für meine Promotion strebte ich ein Stipendium einer politischen Stiftung an. Dabei half mir die Aufnahme ins Wilhelm-Röpke-Institut sehr weiter. Über dieses Netzwerk knüpfte ich Kontakte mit zahlreichen wichtigen Menschen, beispielweise zu einem Gutachter, den ich für die Beantragung meines Stipendiums benötigte. Bei der Röpke-Vorlesung im Februar 2010 lernte ich einen wissenschaftlichen Mitarbeiter der Goethe-Universität aus Frankfurt/Main kennen. Er empfahl mir einen Professor der Universität, da dieser ganz ähnliche Themen wie ich behandelte. Somit brachte mich das Wilhelm-Röpke-Institut sogar indirekt zu meinem späteren Doktorvater.

Eigentlich wurde dieser übrigens mein zweiter Doktorvater. Ich hatte bereits einen Wissenschaftler, der vorübergehend in Kiel tätig gewesen war, für mich gewinnen können. Als ich mich jedoch in Kiel an der Christian-Albrecht-Universität als Doktorand einschreiben wollte, musste ich feststellen, dass dazu ein durchgängig achtsemestriges Universitätsstudium nötig war – und an der Fernuniversität Hagen hatte ich lediglich sieben Semester studiert. Und dabei hatte ich doch auch schon ein neunsemestriges FH-Studium erfolgreich absolviert. Sollten all meine Bemühungen umsonst gewesen sein? Sollte ich jetzt doch nicht promovieren können?

Nach der Absage aus Kiel kam mir also der Kontakt zur Goethe-Universität aus Frankfurt/Main zugute und ich bewarb mich dort. Der Promotionsausschuss dieser Universität gab letztlich grünes Licht.

Im April 2010 erhielt ich die Einladung für eine Auswahltagung für ein Stipendium der politischen Stiftung, bei der ich mich beworben hatte. Ich saß bei meinem Auswahlgespräch einem Professor in den Siebzigern gegenüber; wir unterhielten uns über die Bürgergesellschaft, die Soziale Marktwirtschaft und darüber, dass in einer freiheitlichen Gesellschaft niemand zur Gänze stark oder schwach sei. Nur kurze Zeit später erhielt ich den Bescheid, dass ich als Stipendiat ausgewählt worden war. In diesem Moment fiel mir ein großer Stein vom Herzen. Der Kampf mit Bürokratie, Prüfungen und Unmengen von schlauen Papieren hatte sich gelohnt. Ich konnte endlich das tun, worauf ich mich schon seit langem fokussiert hatte. Die Promotion würde mehrere Vorteile haben. Ich könnte die Dinge tun, für die ich mich interessiere, und der Welt zeigen, dass blinde Menschen durchaus in unterschiedlichen Fächern promovieren können[10].

Vorab traf ich mich mit meinem Doktorvater, einem älteren Herrn mit großväterlicher Ausstrahlung und einer stillen Autorität. Man könnte fast sagen, er stellt den Urtyp des Professors dar. Auch heute stehe ich noch gern mit ihm im diskursiven und einvernehmlichen Austausch.

---

[10] Für gewöhnlich studieren blinde Menschen in Anlehnung an die nichtsehende Justitia eigentlich ganz überwiegend Jura.

Für die Beschreibung von Grafiken, das passende Einbetten von Bildern in das Dissertationsskript und die Beseitigung von Schreibfehlern engagierte ich meine ehemalige Kommilitonin, mit der ich seit dem 3. Semester zusammen in Heide studiert hatte und die gerade von einem Verlag, für den sie Zeitungs-Abonnements abschließen sollte, gefeuert worden war. Sie ist seitdem als meine Assistentin tätig. Und nicht nur für meine Dissertation war sie ungemein wichtig. Ich entdeckte mit ihr auch die sozialen Medien, die für mich ein Tor zur Welt darstellten.

Bei den verpflichtenden Präsenzseminaren, die ich im Rahmen meines Stipendiums absolvieren musste, traf ich viele interessante Persönlichkeiten, lernte jedoch größtenteils, dass auch sie nur mit Wasser kochten. Das Image, das ihnen von Talkshows im Fernsehen oder Artikeln in Zeitungen verliehen wurde, verblasste zumindest für mich sehr schnell. An die Stelle einer das Individuum betonenden Denkweise trat zunehmend – auch genährt durch das 2010 in aller Munde geführten Buches von Thilo Sarrazin »*Deutschland schafft sich ab*« – eine kollektivistische Sicht auf die Welt. Für mich stand nach wie vor das Dithmarscher Motto im Vordergrund »Habe keinen Herrn über Dir und keinen Knecht unter Dir«.

Kapitel 6 – Ich würde ja, wenn Ihr mich lasst

Arthur Schopenhauer (1788 bis 1860) brachte die heutige Problematik, die wir Europäer mit dem Populismus haben, mit einem Zitat einst sehr gut auf den Punkt. Der Philosoph formulierte:

> *»Die wohlfeilste Art des Stolzes hingegen ist der Nationalstolz. Denn er verrät in dem damit Behafteten den Mangel an individuellen Eigenschaften, auf die er stolz sein könnte, indem er sonst nicht zu dem greifen würde, was er mit so vielen Millionen teilt. Wer bedeutende persönliche Vorzüge besitzt, wird vielmehr die Fehler seiner eigenen Nation, da er sie beständig vor Augen hat, am deutlichsten erkennen. Aber jeder erbärmliche Tropf, der nichts in der Welt hat, darauf er stolz sein könnte, ergreift das letzte Mittel, auf die Nation, der er gerade angehört, stolz zu sein. Hieran erholt er sich und ist nun dankbarlich bereit, alle Fehler und Torheiten, die ihr eigen sind, mit Händen und Füßen zu verteidigen.«*

Man könnte den Schluss ziehen, dass, fühlten mehr Menschen einen Grund, stolz auf sich und ihr Leben zu sein, es auch weniger Herabwürdigungen und Fremdenhass geben müsse. Der Schönheitsfehler an dieser Annahme ist nur, dass man eine gesellschaftliche Dynamik zulassen müsste, vor der sich in erster Linie die Politik fürchtet. Aktuell versucht man, die materialistischen Verlustängste, die durch die große und längst absehbar gewesene Wanderungsbewegung aus dem Jahr 2015 resultieren, eher durch weniger Dynamik aufzufangen. Ich persönlich habe aber immer eher nach mehr Freiheit, denn nach mehr Sicherheit Ausschau gehalten – eine Verhaltensweise, die man eigentlich in der Natur des Menschen innewohnend vermuten sollte.

Um mit meiner Promotion diesem Anliegen auch Nachdruck zu verleihen, bot sich mir im Jahr 2010 die Gelegenheit, meinem Ärger Luft zu machen. Von der neuen schwarz-gelben Landesregierung in Schleswig-Holstein wurde die Höhe des Blindengeldes von vierhundert auf zweihundert Euro praktisch halbiert. Das, was in vielen, wahrscheinlich den meisten Ohren höchst unsozial klingen mag, war in meinen Gedanken eher ein sinnvoller Beitrag zur Sanierung des maroden Landeshaushaltes. Natürlich ging ich zu diesem Zeitpunkt davon aus, dass ich mit einer abgeschlossenen wirtschaftswissenschaftlichen Promotion – Behinderung hin oder her – einen auskömmlichen Job finden würde, der nicht in erster Linie etwas mit meinem Handicap zu tun hat.

Schon seit Jahren – auf jeden Fall seit 2008 – hatte ich die ersten Gedanken im Kopf formuliert, dass die Öffentlichkeit Menschen mit Behinderung nicht nur auf ihr Handicap reduzieren sollte. Gegenüber einem Mitglied der Bundespressekonferenz hatte ich meine Meinung auch damals schon formuliert; hatte allerdings keine weitergehende Resonanz erhalten. Nach und nach brachte ich meine Gedanken zu Papier und schickte dieses Skript ohne viel Hoffnung bereits 2009 an den Chefredakteur der WELT. Natürlich hörte ich erstmal einige Zeit nichts aus Berlin. Als meine Mutter und ich dann aber eines Nachmittags von einem Ausflug nach Heide zurückkamen, empfing uns mein Vater aufgeregt mit der Nachricht, der Axel-Springer-Verlag habe angerufen und sich positiv über meine Thesen zum Thema »Behinderung« geäußert. Ich war verständlicherweise sehr aufgewühlt und konnte es kaum erwarten, mit dem Redakteur wieder in Kontakt zu treten. Ich war glücklich, den Axel-Springer-Verlag dankenswerterweise dafür zu gewinnen, meine Sicht der Dinge einmal in die Öffentlichkeit zu bringen. Denn durch die enorme Reichweite dieser Zeitung konnte eine breite Masse an Lesern erreicht werden. Bevor ich jedoch das

Interview führen konnte, auf das ich mich so sehr freute, musste mein Shunt noch einmal revidiert werden. Seit dieser Operation am 20. Januar 2010 habe ich aber bis heute keine Probleme mehr. Selbst Kopfschmerzen sind mir seitdem in jeder Lebenslage fremd. Im Februar 2010 war es endlich so weit; eine Redakteurin der WELT kam zu mir nach Wrohm und interviewte mich – das Interview selbst erschien dann eine kleine Ewigkeit später, am 15. Oktober 2010. Sie finden es im folgenden Kapitel[11]. Übrigens folgte von einem Blindenverband auch prompt eine Reaktion in Form eines Blogbeitrags am selben Tag – auch diesen finden Sie auf den kommenden Seiten.

Die Gedanken, die ich in Kurzform in dem Interview darlegte, formulierte ich in diesem Jahr dann noch ausführlicher und gab dem Buch den Titel »Eine wirtschaftswissenschaftliche Betrachtung des Verhaltens von Zwangsgemeinschaften – positive und negative Wohlfahrtseffekte – ›yes, we can‹, auch!« Vor dem Hintergrund meiner eigenen Erfahrungen übertrug ich dabei die mutmachenden Worte Obamas auf die Blinden-Community.

---

[11] aufgerufen über:
https://www.welt.de/politik/deutschland/article10297760/Man-kann-doch-mehr-als-nur-blind-zu-sein.html

Mit unserem Hund Ben.

Carsten D. an seinem Computer, Quelle: Pressebild.de/Bertold
Fabricius.

»Man kann doch mehr, als nur blind zu sein!«

Freitag ist der »Tag des weißen Stocks«. Doch Carsten D. (29) will keinen Gedenktag, er will ernst genommen werden.

»Ich bin ausgetreten aus dem Kollektiv von Jammerlappen. Aus dem Blindenverband. Fast mein ganzes Leben war ich Mitglied, jetzt hat es mir gereicht. Ich habe ein Schreiben bekommen, mit dem ich gebeten wurde, gegen die Kürzung des Blindengeldes in Schleswig-Holstein mitzudemonstrieren. Das war mal wieder typisch: Die einzig sichtbare Aufgabe, die der Verband wahrnimmt, ist öffentliches Jammern. An das Mitleid der Gesellschaft appellieren. Die Schwächsten vorschicken, ihre Hilfsbedürftigkeit zur Schau stellen und sie abhängig machen von Almosen des Staates. Da will ich nicht mehr mitmachen. Ich will nicht jammern. Ich will ernst genommen werden. Ich will etwas leisten.

Ich bin erblindet, als ich vier Jahre alt war. Ein Gehirntumor. Ich weiß heute noch, wie Farben aussehen. Ich kann sie mir vorstellen. Ich weiß, dass ich Glück gehabt habe. Als Kind blind zu werden, ist einfacher als im Erwachsenenalter, wenn das Leben dadurch aus den einmal eingeschlagenen Bahnen geworfen wird. Als Kind lernt man schneller und hat weniger Angst. Ich bin in einem Dorf in Dithmarschen aufgewachsen, meine Eltern hatten einen Bauernhof. Ich bin in dem kleinen Ort natürlich aufgefallen wie ein bunter Hund. Doch meine Eltern haben von Anfang an dafür gekämpft, dass ich überall ganz normal mit dabei sein konnte. Sie haben durchgesetzt, dass ich integrativ auf die Grundschule um die Ecke gehen konnte. Man hat mir eine Sozialpädagogin geschickt, die mich betreuen sollte. Die konnte nicht einmal Blindenschrift. Sie hat mir kaum helfen können. Mein Klassenlehrer hat sich schließlich selbst die Schrift beigebracht. Er hat mir Punkte aus Pappe ausgeschnitten und mir so das Lesen gelehrt. Später bekam ich eine mechanische Blindenschreibmaschine.«

An der Grundschule habe ich wirklich fast vergessen, dass ich blind bin. Meine Lehrer waren super. Sie haben nicht viel Aufheben um meine Behinderung gemacht. Sie haben mir früh gezeigt, dass zwischenmenschliche Hilfe vieles von den staatlichen Angeboten einfach überflüssig macht. Und bei meinen Mitschülern habe ich mir Respekt verschafft, wenn nötig. Als Junge konnte ich ganz gut austeilen. Nur wenn ich für bestimmte Kurse nach Schleswig zur Blindenschule musste, ging es mir schlecht. Was sollte ich da? Ich hatte doch meine Freunde zu Hause. Dort wurde man eingepfercht in eine Zwangsgemeinschaft der Blinden.

Die Blindenverbände zementieren diese Zwangsgemeinschaften meiner Meinung nach eher, als dass sie sie auflösen. Und sie zementieren damit Vorurteile. So sehr etwa das Ringen um Blindengeld den Schwächsten nutzt, so sehr verhindert es, dass Blinde auch als leistungsfähige Mitglieder der Gesellschaft anerkannt werden. Wer immer nur mit der eigenen Hilfsbedürftigkeit hausieren geht, der muss sich nicht wundern, wenn ihm niemand etwas zutraut. Und wenn er kein Selbstwertgefühl entwickelt. Ich bin nicht gegen staatliche Unterstützung. Wir Blinden verursachen nun mal Extrakosten. Braille-Zeilen für den PC sind teuer, Hilfsmittel für den Haushalt auch. Aber das System ist ein Teufelskreis. Wenn sich Blinde nur um sich selbst drehen, ist es kein Wunder, wenn sie keine Arbeit finden. Wie sollen Arbeitgeber denn Vorurteile abbauen? Sie glauben, wir verursachen nur viel Aufwand. Kann man es ihnen verdenken, wenn wir uns stets als alimentierungswürdig darstellen? Das ärgert mich vor allem, weil ich der Gemeinschaft der Blinden ja nicht entrinnen kann. Auch nicht mit

Austritt aus dem Verband. Es sieht ja jeder, dass ich nichts sehen kann. Damit muss ich leben.

Mich hat der Ehrgeiz am Gymnasium gepackt. Ich habe Abi gemacht und dann Betriebswirtschaft studiert. Die Professoren haben mir ihre Skripte auf Diskette gegeben, mein Computerprogramm hat sie mir dann in Braille umgewandelt. Nur Grafiken machen da heute noch Schwierigkeiten. Meine Prüfungen habe ich alle mündlich absolviert. Nach dem Studium habe ich mich viel beworben, doch das Wort ›blind‹ mochte kein potenzieller Arbeitgeber gern hören. Schließlich habe ich zwei Monate in einem Callcenter gearbeitet und Lose verkauft. Die Arbeit war subventioniert, sonst hätte man mich nicht angestellt. Aber als die gemerkt haben, dass man mit einem Behinderten in der Truppe extra Geld bekommt, war ich sehr willkommen. Braucht er noch einen speziellen Stuhl, wurde gefragt – egal, der wird bezahlt, den nehmen wir mit! Es war entwürdigend.

Ich habe mich dann breitschlagen lassen, in Kiel am Institut für barrierefreie Informationstechnologie zu arbeiten. Aber da hat es mich schnell genervt, dass alle Projekte immer nur mit der Behinderung begründet wurden. Man kann doch mehr, als nur blind zu sein! Blind sein ist doch keine Kunst! Als ich auf einer Internetseite für Blinde einen Artikel darüber schreiben sollte, wie man eine Tube mit Mayonnaise von einer mit Ketchup unterscheidet, hatte ich genug. Das ist doch lächerlich! Viele Blinde sind stolz darauf, dass sie alles allein können. Auf dem Trip war ich als Teenager auch mal. Aber manchmal braucht man einfach Hilfe, die Sehbehinderung ist halt da. Ich frage inzwischen einfach jemanden.

Wie gut die Technik mittlerweile ist, ist außerhalb der Blindenwelt fast unbekannt. Kaum ein Arbeitgeber weiß, wie vergleichsweise leicht man einen Arbeitsplatz blindengerecht umrüsten kann. Warum führen die Hersteller die Technik nicht mal außerhalb der eigenen Klientel vor? Warum nicht auf der Cebit, statt bei der Rehacare? Das würde Hemmungen abbauen.

Ich schreibe jetzt an der Goethe-Universität in Frankfurt am Main an meiner Doktorarbeit in Wirtschaftswissenschaften. Es geht um die soziale Marktwirtschaft in Deutschland. Ich habe ein Stipendium einer ›Politischen Stiftung‹ bekommen. In drei Jahren möchte ich fertig sein. Es wird sich herrlich anfühlen, einen Doktortitel zu haben, der nichts mit dem Blindsein zu tun hat. Ich hoffe sehr, dann eine Arbeit zu finden. Am liebsten als wissenschaftlicher Mitarbeiter oder in der politischen Bildung. Ich möchte aufklären und Vorbild sein.

Als Antwort auf meinen Austritt schickte mir der Blindenverband einen Brief mit Gründen, warum ich doch Mitglied bleiben sollte. Einer davon lautete: Eine Ausgabe ›Der Herr der Ringe‹ in Blindenschrift kostet 400 Euro – welcher Blinde könnte sich so etwas ohne Unterstützung des Verbandes leisten? Also, ich habe eine Ausgabe von dem Tolkien-Klassiker. Sie hat 50 Euro gekostet. Als Hörbuch.«

Aufgezeichnet von Christina Brüning, veröffentlicht am 15.10.2010.

»Eine fragwürdige Konsequenz: Eine Replik auf Carsten D. [12]

Anlässlich des heutigen Tags des weißen Stockes veröffentlichte die Welt einen Text. In ihm begründet der blinde Carsten D. seinen Austritt aus dem Blinden- und Sehbehindertenverein Schleswig-Holstein: ›Ich bin ausgetreten aus dem Kollektiv von Jammerlappen. Aus dem Blindenverband. Fast mein ganzes Leben war ich Mitglied, jetzt hat es mir gereicht. Ich habe ein Schreiben bekommen, mit dem ich gebeten wurde, gegen die Kürzung des Blindengeldes in Schleswig-Holstein mitzudemonstrieren. Das war mal wieder typisch: Die einzig sichtbare Aufgabe, die der Verband wahrnimmt, ist öffentliches Jammern. An das Mitleid der Gesellschaft appellieren. Die Schwächsten vorschicken, ihre Hilfsbedürftigkeit zur Schau stellen und sie abhängig machen von Almosen des Staates. Da will ich nicht mehr mitmachen. Ich will nicht jammern. Ich will ernst genommen werden. Ich will etwas leisten.‹

Carsten D. – warum er zu seiner harschen Kritik nicht mit seinem Nachnamen stehen möchte, bleibt sein Geheimnis – spricht einen wichtigen Punkt an und zieht doch eine fragwürdige Konsequenz. In der Tat stehen die Organisationen der blinden und sehbehinderten Menschen vor der Herausforderung, dass sie einerseits die Potenziale blinder und sehbehinderter Menschen bekannt machen wollen, andererseits aber auch die Interessen derjenigen Betroffenen vertreten wollen, die auf Hilfe angewiesen sind. Ich kann zwar nicht für meine Kollegen in Schleswig-Holstein sprechen, kann aber sagen, dass wir in Hamburg nicht die Ansicht

---

[12]   https://heikos.blog/2010/10/15/eine-fragwurdige-konsequenz-eine-replik-auf-carsten-d/

haben, dass es unsere einzig sichtbare Aufgabe ist, öffentlich zu jammern. Ich nenne nur einige Beispiele aus der alltäglichen Arbeit unseres Blinden- und Sehbehindertenvereins: Wir halten Vorträge über den Alltag blinder und sehbehinderter Menschen vor Schulklassen, Auszubildenden oder Beratern der Arbeitsagentur und tragen damit zu mehr Verständnis gegenüber blinden und sehbehinderten Menschen bei. Wir setzen uns bei Rundfunkanstalten, Verkehrsbetrieben, Behörden und der Politik für eine barrierefreie Stadt ein und treten als Experten in eigener Sache auf – und nicht als Jammerlappen. Wir ermöglichen Zugang zu Kultur, indem wir z.B. Museen ansprechen, damit sie Angebote schaffen, die für sehbehinderte Menschen nutzbar sind, oder wir bringen selbst behinderte und nichtbehinderte Menschen in unserem Hause zusammen, damit sie Kunst für alle gemeinsam erleben und voneinander lernen können. Wir beraten Unternehmen, Agenturen und staatliche Stellen in Sachen barrierefreies Internet – selbstbewusst und nicht flehend. auch hier kann ich D.s Kritik nicht nachvollziehen. Er greift einen Punkt heraus – den Kampf ums Blindengeld – und reduziert das Engagement der Selbsthilfeorganisationen auf diesen Punkt.

Und auch beim Blindengeld irrt D. Es geht hier nicht um unzeitgemäße Almosen, sondern um einen modernen Nachteilsausgleich. Denn es gibt immer noch Barrieren in dieser Gesellschaft. Technische Hilfsmittel sind kostenintensiv, helfende Hände in Haushalt oder auf Reisen müssen finanziert werden. Die Städte sind nicht so gebaut, dass ich als blinder Mensch selbstständig überall hinkomme, sondern ein Taxi brauche. Indem es eine garantierte finanzielle Leistung wie das Blindengeld gibt, wird ein Großteil der von D. so hochgehängten Selbstständigkeit erst möglich. Gerade damit wir zukünftig nicht wieder auf Almosen im eigentlichen Wortsinn und auf Mitleid angewiesen sind, brauchen wir eine Leistung wie das Blindengeld. D. scheut nicht vor Halbwahrheiten zurück, um seine Thesen zu untermauern:

›Als Antwort auf meinen Austritt schickte mir der Blindenverband einen Brief mit Gründen, warum ich doch Mitglied bleiben sollte. Einer davon lautete: Eine Ausgabe ›Der Herr der Ringe‹ in Blindenschrift kostet 400 Euro – welcher Blinde könnte sich so etwas ohne Unterstützung des Verbandes leisten? Also, ich habe eine Ausgabe von dem Tolkien-Klassiker. Sie hat 50 Euro gekostet. Als Hörbuch.‹

D. erwähnt nicht, dass es einen Unterschied gibt, ob man ein Buch selbst liest oder es sich anhört. Selbst lesen zu können, ist eine kulturelle Errungenschaft. Rechtschreibung lerne ich, wenn ich selbst teure Braillebücher lese. Ich kann mein eigenes Tempo bei der Lektüre wählen. Meine Fantasie wird beim eigenständigen Lesen stärker angeregt als bei der vorinterpretierten Audiofassung.

Will D. blinden Menschen das Recht auf selbstständiges Lesen absprechen? Übrigens: wenn er das Blindengeld nicht braucht, ist er nicht gezwungen, es zu beantragen. Es gibt aber viele Betroffene, die darauf angewiesen sind.

D. will nicht auf seine Behinderung reduziert werden. Damit hat er Recht. Es ist so, dass blinde Menschen in den Medien fast ausschließlich über ihre Blindheit reden dürfen – das gilt ja selbst für D. im Welt-Artikel. Wann taucht denn mal ein behinderter Mensch in Straßenumfragen über Atompolitik auf oder in Talkshows über Alltagssorgen oder die Liebe? D. möchte lieber etwas leisten. Solang die Rahmenbedingungen und das Bewusstsein breiter Teile der nichtbehinderten Bevölkerung aber so sind, dass dem Leistungswillen blinder und sehbehinderter Menschen immer wieder Steine in den Weg gelegt werden, so lang ist es Aufgabe von Selbsthilfe-Organisationen für die eigenen Belange zu streiten.

›Das Wort ›blind‹ mochte kein potentieller Arbeitgeber‹, sagt D. Meint er, dass sich das ändert, wenn wir nicht gemeinsam für unsere Rechte kämpfen?‹«

Nachdem der Funktionär und ich uns gegenseitig die Meinung gesagt hatten, entwickelte sich ein schon fast freundschaftlicher Austausch. Schließlich sind wir beide HSV-Fans. Das ändert aber nichts an der Tatsache, dass es sich bei den Verbänden um eine – Niklas Luhmann hätte es Selbst-Referentialität genannt – handelt. Es dreht sich halt alles um sich selbst.

Dass auf diesen Artikel jedoch ansonsten nur ein mir ohnehin persönlich bekannter Landtagsabgeordneter, sonst aber kein einziger Politiker reagiert hatte, hätte mich schon stutzig werden lassen sollen. Dennoch dachte ich mir erstmal nichts dabei und schrieb meine Doktorarbeit fröhlich weiter. Das Thema, das ich mir für meine Dissertation gestellt hatte, war eigentlich eine wirtschafts-historische Abhandlung. Ich schaute mir Gerechtigkeitsdiskurse in der Vergangenheit und Gegenwart an, stellte fest, welche Rolle Wirtschaft, Wissenschaft und Politik spielten, und beurteilte vor dem damals vorherrschenden Methodenstreit auch das eingesetzte Instrumentarium der Wissenschaft. Mein Eindruck täuscht sicher nicht, dass heute jede Lobby ihre eigenen Statistiken pflegt und viel weniger mit ethischen Argumenten zu überzeugen versucht. Die Politik lässt sich zudem, medial verstärkt, vermehrt durch reine Zahlenspielereien überzeugen und unter Zugzwang setzen – so meine Annahme. Darüber hinaus wollte ich von der aufgekommenen genetisch-biologistischen Sichtweise abstrahieren und argumentierte provokant, dass die vermeintlich falschen Gene bei einigen keine Entschuldigung für schlechte Leistungen sein dürften, also niemand wirklich zum Nichtstun verdammt sei. Diese Gedanken kombinierte ich mit der Philosophie des amerikanischen Philosophen John Rawls, der sinngemäß sagte, niemand dürfe wegen Dingen, für die man selbst keine Verantwortung trage, diskriminiert werden. Zudem schwang stets die Frage mit, wie man schlechter gestellten Personen helfen kann, wenn die Wissenschaft es je nach Standpunkt wunderbar versteht, die eigene Klientel unter Zuhilfenahme von quantitativen Methoden entsprechend zu positionieren. Am Ende umfasste das Buch samt Literaturverzeichnis 460 Seiten. Während linksgerichtete Politiker Rawls anwenden, um eine Umverteilungspolitik zu begründen, verwendete ich seine Gedanken, um die Eigeninitiative in den Vordergrund zu stellen.

Ich gebe zu, dass es kein Mainstreamthema war und leider noch nicht ist und daher schwer mit anderen Wissenschaftlern eine Übereinstimmung gefunden werden kann. Dennoch diskutierte ich meine Thesen 2013 in Dresden, der Stadt, die nur kurze Zeit später durch PEGIDA[13] berühmt wurde, und merkte, wie viel Sprengstoff enthalten war.

Die Veranstaltungen der politischen Stiftung, von der ich mein Stipendium erhielt, langweilten mich zunehmend. Kaum ein Dozent war für abweichende Diskussionen empfänglich. Damals

---

[13] PEGIDA ist die Abkürzung von »Patriotische Europäer gegen die Islamisierung des Abendlandes«, die als »islam- und fremdenfeindliche, völkische, rassistische und rechtspopulistische Organisation« beschrieben wird. Seit Oktober 2014 veranstaltet sie in Dresden Demonstrationen gegen Islamisierung, die Einwanderungs- und Asylpolitik Deutschlands und Europas; auch in anderen Städten finden ähnliche, wenngleich kleinere Demonstrationen statt, die teilweise durch rechtsextreme Personen bzw. Gruppierungen angemeldet und organisiert werden. Seit dem 19.12.2014 ist die Dresdner Gruppe als Verein eingetragen.

gewann die Euroskepsis im Gefolge der Finanz- und Wirtschafts-krise immer mehr an Gewicht, was auch in vielen Vorträgen deutlich wurde. Mich störte diese einseitige und hochnäsige Verurteilung unseres gemeinsamen Währungssystems, wenngleich ich natürlich die Risiken erkannte, die eine gemeinschaftliche Währung und die damit verbundene gemeinschaftliche Haftung mit sich brachten. Mir war auf der anderen Seite klar, dass nationale Währungen eine Rückkehr zu Protektionismus und Abschottung bedeuten würden. Das konnte ich mit meinem ordnungspolitischen, nach Freiheit, Vielfalt und Wettbewerb drängenden Gewissen nicht vereinbaren. Entsprechend gestaltete ich die Ausarbeitung meiner Dissertation und entwickelte anlässlich eines Initiativseminars, das ich im Rahmen meines Stipendiums in Büsum an der Nordsee veranstaltete, die Dithmarscher Thesen.

Kapitel 7 – Dithmarscher Thesen

Zentralisierung ist keine Lösung

Die allgemeine Finanznot der öffentlichen Hand und der demografische Wandel führen insbesondere auf dem Lande zu einer zunehmenden Zentrierung von Aufgaben und der Entvölkerung weiter Teile der Peripherie. Doch diese Tendenz ist keine Zwangsläufigkeit.

Jeder Mensch kann etwas dagegen unternehmen – nicht durch Demonstrationen, sondern durch persönliches Engagement. Durch eigene Ideen kann man etwas bewegen.

Daher schlagen wir vor:

1. Bewusstmachung des Wissens und der Fähigkeiten in der Region

Man glaubt häufig gar nicht, was auch auf dem Land alles möglich ist – bis man sich seiner eigenen Fähigkeiten bewusst wird. Es ist ein Wissenspool-Westküste aufzubauen, in welchem diese Fähigkeiten für Einheimische und Auswärtige transparent gemacht und mögliche Anwendungsbeispiele aufgezeigt werden. Dieses wird auch auswärtige Investoren anziehen, weil man sich durch das Wissen über die eigenen Stärken besser darstellen kann.

2. Zwischenmenschliche Zusammenarbeit auf allen Ebenen

Hat man sich erstmal darüber Klarheit verschafft, welche Fähigkeiten man selbst, andere Personen, aber auch die Region besitzen, ist es möglich, sehr effektiv zusammenzuarbeiten und viele Probleme ohne die öffentliche Hand zu bewältigen.

3. Abkehr vom Anspruchsdenken

In einer Bürgergesellschaft, wie wir sie anstreben, sind keine Wut-, sondern Mutbürger gefragt, wie es auch kürzlich der Bundespräsident ausführte. Man braucht Mut, sich wieder auf sich selbst und auf seine Mitmenschen zu verlassen und Verantwortung für sich und andere zu übernehmen.

4. Zusammenarbeit zwischen starken und schwachen Gesellschaftsmitgliedern

Kein Mensch ist in einer freiheitlichen Gesellschaft zur Gänze stark oder schwach. Ein jeder Mensch kann etwas zum Gelingen des gesellschaftlichen Miteinanders tun, ob jung oder alt, ob hier geboren oder nicht. Jeder Mensch hat unterschiedliche Begabungen, die sich wechselseitig ergänzen können.

5. Selbst versuchen statt fordern

Durch das Nachdenken über eigene Problemlösungsstrategien für individuelle Probleme wird man das Empfinden, ungerecht behandelt zu werden, vermindern können. Das Fordern wird hierbei immer weniger Spaß machen, als eigene Lösungsansätze anzustreben.

6. Investitionspool-Westküste

Eine Möglichkeit, größere Unabhängigkeit vom öffentlichen Sektor zu bekommen, ist der Investitionspool-Westküste. Lokal ansässige Unternehmen aus unterschiedlichen Bereichen könnten sich zu einer Investitionsgesellschaft zusammenschließen, die durch eigene Kraft Projekte finanziert, die für alle Mitglieder vorteilhaft sind. Welche Projekte gefördert werden, ist von einem branchenübergreifenden Gremium zu entscheiden.

7.   Habe keinen weltlichen Herren über Dir und keinen Knecht unter Dir

In einer sich wechselseitig ergänzenden Gesellschaft herrscht eine flache Hierarchie vor, die es jedem Einzelnen ermöglichen soll, seine eigenen Ideen einzubringen. Diese Voraussetzung soll einen Wettbewerb der Ideen auslösen, der abermals die Vielfalt der Ressourcen verdeutlicht.

8.   Wir sind frei

In den sieben vorangegangenen Thesen sollte klar geworden sein, dass kleine Einheiten weiter möglich sind. Sie sind die Voraussetzung für ein freies, selbstbestimmtes Leben, in welchem man seinen eigenen Wert erkennt und für die Gesellschaft nutzbar machen kann. Nicht gegeneinander, nur miteinander werden wir die Herausforderungen der Zukunft daher bewältigen können. Aber, wir werden sie bewältigen, denn wir sind frei!

Diese Thesen repräsentierten ein Stück weit mein Lebensgefühl und mein Idealbild einer Gesellschaft.

Ich stellte aber zunehmend fest, dass Arbeit allein auch nicht glücklich macht, denn eine Partnerin hatte ich trotz vieler Mühe immer noch nicht gefunden. Ich tummelte mich zwar in allerhand Partnerbörsen im Internet, hatte mich 2010 sogar auch mit einer Dame aus Rheinland-Pfalz getroffen. Es sollte aber auch daraus nichts werden. Dafür hatte meine erstgeborene Schwester mittlerweile einen jungen Mann aus der Karibik kennengelernt, der auf verschlungenen Wegen – eine normale Ausreise war nicht erlaubt – nach Deutschland gekommen war, während meine Schwester bereits als Dolmetscherin in Brüssel arbeitete. In Dithmarschen heirateten sie und ich freute mich für eine gewisse Zeit, endlich einen Kumpel zu haben, mit dem ich auch abseits der schnöden Schreibtischarbeit etwas unternehmen konnte.

Doch folgte er verständlicherweise schon bald seiner Frau nach Brüssel. So schloss ich 2012 meine Dissertation in Ruhe ab, schrieb zum Zeitvertreib unter dem Pseudonym »Casimir van der Huett« das Buch »*Tierische Reime – Gedichte nur für große Vögel*«, ein kleines Gedichtbändchen über die Erotik in der Tierwelt, und machte mich schon einmal daran, mich zu bewerben. Meine Dissertation lag derweil bei meinem Doktorvater zur Begutachtung.

Ich spürte die Einsamkeit mehr denn je. Zwar waren weiterhin meine Eltern und Großmütter – meine Großväter waren mittlerweile allesamt verstorben – um mich herum, artgerecht war es zu jener Zeit nicht.

In den letzten Zügen meiner Promotion – die Verteidigung stand noch aus und eine Partnerin hatte ich immer noch nicht – machte ich Bekanntschaft mit einem Buch, das mir meine Eltern als Hörbuch zu Weihnachten schenkten und das mein Leben nachhaltig verändern sollte. Es trug den Titel »*Der schwarze Schwan – die Macht höchst unwahrscheinlicher Ereignisse*« von Nassim Nicholas Taleb. Lange Zeit stand unumstößlich fest, dass alle Schwäne weiß sind – eine unhinterfragte Tatsache. Dann sichtete man in Australien die ersten schwarzen Schwäne – es gibt sie tatsächlich! Taleb verwendet diese Schwäne als Metapher; nach seiner Lesart ist ein schwarzer Schwan ein Zeichen für höchst unwahrscheinliche Ereignisse und steht stellvertretend für Paradigmenwechsel. Schwarze Schwäne sind demnach selten, haben große Auswirkungen, und ihr Erscheinen ist im Nachhinein durchaus erklärbar. Der 11. September 2001 fällt in diese Kategorie. Man hätte damit rechnen müssen, dass Terroristen aus Staaten, mit denen die USA ohnehin schon lange im Streit lagen, irgendwann angreifen. Dies gilt umso mehr, als in den 1990er Jahren schon einmal ein Anschlag im World Trade Center versucht worden war. Diese schwarzen Schwäne waren mir – wie Sie bereits lesen konnten – in meinem Privatleben auch schon erschienen.

Nun gibt es allerdings nicht nur negative schwarze Schwäne, sondern es können auch unvorhersehbare positive Dinge geschehen, die große Auswirkungen haben. So telefonierte ich am Silvestermorgen 2012 mit meiner Assistentin. Sie hatte sich einige Tage zuvor zum Feuerzangenbowle-Trinken mit ehemaligen Klassenkameraden getroffen; einer davon berichtete von seiner neuen Freundin, die er über eine Partnerbörse im Internet kennengelernt hatte. Meine Assistentin und ich wollten dem Glück auf diesem Wege ebenfalls auf die Sprünge helfen; so legten wir mir dort gemeinsam am 31. Dezember 2012 ein Profil an. Anschließend versuchte ich selbstständig, mit der Seite zurechtzukommen, was mir auch gut gelang. Der Algorithmus der Website schlug mir beispielsweise eine Dame aus Flensburg vor, die in ihrem Profil schrieb, dass sie eine Gehbehinderung habe. Ich schrieb sie daraufhin an. Noch am selben Tag schrieb sie mir zurück. Da ich dieser Seite nicht unumwunden vertraute, bat ich sie darum, mir auf meiner T-Online-Adresse zu schreiben, was sie auch tat. Es entspann sich ein reger Mailaustausch, bevor wir am 13. Januar 2013 erstmals telefonierten, uns am 20. Januar erstmals in Friedrichstadt trafen, dieses am 26. Januar in Rendsburg wiederholten und ich schließlich das darauffolgende Wochenende erstmals komplett bei ihr in Flensburg verbrachte. Ein positiver schwarzer Schwan war gelandet!

Nur ein Jahr vorher war ich so verzweifelt gewesen, dass ich mich mit vollkommen aussichtslosen Damen getroffen und auch die käufliche Liebe in Anspruch genommen hatte. All das gehörte jetzt der Vergangenheit an. Wir genossen die Zweisamkeit, sie stellte mich ihrer Mutter vor, wir aktualisierten unseren

Beziehungsstatus auf Facebook, und ich fand das Lachen wieder, das ich zwischenzeitlich schon verloren geglaubt hatte. Über weitere Aktivitäten an diesem Wochenende schweigt der Gentleman pflichtgemäß.

Dass ich promovieren konnte, war sicher die Erfüllung eines Traums – die Einsamkeit zu überwinden, war aber noch wichtiger.

Als Nächstes stand die Verteidigung meiner Doktorarbeit an. So startete ich am 15. April 2013 mit meiner neuen Freundin, meinen Eltern und meiner Assistentin mit dem Zug Richtung Frankfurt. Am kommenden Tag sollte ich meine Disputation vor vier hochdekorierten Professoren halten.

Im Publikum saßen neben den vier Personen, mit denen ich angereist war, auch der wissenschaftliche Mitarbeiter der Goethe-Universität, den ich in Erfurt kennengelernt hatte, und ein Journalist der Frankfurter Allgemeinen Zeitung, dem einer meiner Freunde empfohlen hatte, der Disputation beizuwohnen. Mein Ziel war es, meinen voraussichtlichen Erfolg bei der Verteidigung so öffentlichkeitswirksam wie möglich zu verkaufen, um betroffenen Menschen Mut zu machen, und mir berufliche Möglichkeiten zu eröffnen. Ich schnitt auch tatsächlich gar nicht schlecht, nämlich mit »cum laude« ab; und den Sonntag drauf erschien ein Artikel über mich in der FAZ, den meine Freundin und ich im Strandkorb in Büsum lasen[14].

Jetzt hoffte ich aber wirklich auf eine Welle der Zustimmung oder zumindest eine Diskussion über meine Thesen zum Behindertenverbandswesen. Ich erwartete, dass man behinderte Menschen nicht mit alimentierungswürdigen Objekten gleichsetzt.

---

[14] Der Artikel ist unter folgendem Link aufrufbar: https://fazarchiv.faz.net/document/FAS__SD1201304213859105?offset= &all= Da er kostenpflichtig ist, kann ich ihn hier nicht frei abdrucken.

Tatsächlich rief am nächsten Tag erwartungsgemäß die Arbeitsagentur an, um mir einen Job in Meldorf bei der »Stiftung Mensch« vorzuschlagen. Ich bewarb mich sofort – gehört habe ich von ihnen bis heute nichts. Somit schrieb ich weiter Bewerbungen – ich hatte inzwischen Übung darin, schließlich hatte ich bereits 2012 damit begonnen, eine Anstellung zu suchen.

Netterweise bekam ich von der Stiftung, die meine Doktorarbeit unterstützt hatte, eine Liste mit Hamburger Altstipendiaten, die ich kontaktierte. Doch auch hier tat sich nichts.

Meine Dissertation veröffentlichte ich dann unter dem Titel »*Soziale Gerechtigkeit in Deutschland – eine historische Analyse des kontraktualistischen Gerechtigkeitsverständnisses von John Rawls in der deutschen Wissenschaft und Politik*«. Natürlich landete mein Buch sofort bei der SPD-Stiftung in der Bibliothek. Wahrscheinlich haben sie es gleich wieder aussortiert, als dass es mal jemand las.

Dann bewarb ich mich bei der Stiftung, von der ich mein Stipendium bekommen hatte, auf eine ausgeschriebene Stelle und fuhr mit meiner Mutter – meine Freundin musste arbeiten – im Juli 2013 zu einem Vorstellungsgespräch nach Berlin. Ich gab alles, denn ich war wild entschlossen, mir mit meiner Freundin jetzt eine gemeinsame Zukunft aufzubauen. Letztlich war ich nur Zweitbester. Wie ich später erfuhr, hatte man mich aufgrund der Tatsache, dass ich behindert war, einladen müssen (gleiche Qualifikation, Bevorzugung von Menschen mit Behinderung etc.). Nun vertrete ich durchaus die Meinung, dass niemand ein Anrecht auf ein einfaches Leben hat. Wer hat uns so etwas schon versprochen? Nur allmählich schlug mir das Laufen gegen Mauern auf das Gemüt.

Ähnliche Gründe wie bei der Stiftung spielten wohl auch eine Rolle, als ich mich bei Universitäten und sogar auf eine Leitungsposition im Bundesumweltministerium bewarb. Ich schrieb

Bewerbungen und wurde eingeladen – hatte also die beschwerliche Anreise, die inhaltliche Vorbereitung auf das Bewerbungsgespräch – aber von Seiten der ausschreibenden Stelle gab es scheinbar keine ernste Absicht, mich einzustellen.

So entschloss ich mich Ende 2013, selbst eine Jobvermittlung für Menschen mit Behinderung zu gründen. Ich knüpfte Kontakt zum NDR, der daraufhin einen Beitrag aufnahm; ich schaltete eine Anzeige im Hamburger Abendblatt und warb sowohl über die regionale Presse als auch auf meiner Internetseite für dieses Job-Portal. Sinn und Zweck war, ein Unternehmensnetzwerk aufzubauen, das Menschen mit Behinderung einstellt, sodass ich künftige Kunden und eventuell auch mich selbst vermitteln konnte.

Obgleich ich geschrieben hatte, dass ich wegen mangelnder Erfahrung keine Menschen mit psychischen Erkrankungen vermitteln könne, meldete sich genau so jemand und außerdem noch viele andere, die Hilfe suchten. Wer sich nicht meldete, waren die gewünschten Unternehmen. Es war scheinbar nirgendwo bekannt, dass es Zuschüsse in Hülle und Fülle gibt, wenn man Menschen mit Behinderung einstellt, sowie dass die Arbeitsplatzausstattung von der Arbeitsagentur getragen wird.

So schrieb ich erstmal wieder ein Buch mit dem Titel »*Optimismus für alle*«, in dem ich abermals meine Sicht auf den Sozialstaat und die Behindertenpolitik schilderte. Das Buch speiste sich vor allem aus den Blogbeiträgen auf meiner Seite www.Carsten-Dethlefs.de. Diese hatte ich nach meiner Promotion ins Leben gerufen und das Motto »*Bleibe nicht unter Deinen Möglichkeiten*« ausgegeben.

Bleibe nicht unter deinen Möglichkeiten

Ich suche Unternehmen, die bei gleicher Eignung auch Menschen mit einer physischen Behinderung einstellen. Das Ziel ist, für diese Menschen ein Jobportal auf der Seite **www.carsten-dethlefs.de** aufzubauen. Ich freue mich, wenn Sie sich bei mir melden (Tel: 04802 464) oder direkt über die Website.

Zwischendurch bewarb ich mich aber weiter, u.a. sandte ich eine Initiativbewerbung an eine Behörde in Hamburg, bei der es einen der ganz wenigen Stadträte der CDU in der Hansestadt gab. Er muss meine Bewerbung wohl an die Sozialbehörde weitergeleitet haben. Von dort erhielt ich im WM-Sommer 2014 nämlich einen Anruf und wurde zu einem Vorstellungsgespräch geladen. Viel Hoffnung machte ich mir nicht. Dennoch fuhren meine Freundin und ich nach Hamburg, wo man – wie hätte es anders sein können – eine Inklusionskampagne durchführte. Da war ich als blinder Akademiker natürlich gleich willkommen. Wie ich später erfuhr, war ich aber auch billiger als ein Freiberufler, der seine Dienste angeboten hatte. Das Einstellungsgespräch verlief sehr gut. Auch dort gab ich meine kontroversen Gedanken zum Besten und fand einen positiven Anklang. So bekam ich einen Drei-Monats-Vertrag, fuhr jeden Morgen mit einer ebenfalls in Hamburg arbeitenden Bekannten in die schönste Stadt der Welt, langweilte mich und fuhr abends wieder mit ihr nach Hause. Von der Anfangs-Euphorie war schnell nichts mehr übrig. Es war wie so oft, dass man irgendetwas mit Inklusion machen wollte, niemand aber wirklich eine gute Idee hatte, wie man das Thema anpacken sollte. Dennoch erfuhr ich interessante Dinge aus Vorträgen einiger Referenten, die im Rahmen der Kampagne auftraten. Durch das sehr frühe Wachwerden und Aufstehen gegen 4:30 Uhr war ich ohnehin müde in Hamburg, gab dort auch meine Philosophie zum Thema »Behinderung« zum Besten, verärgerte viele SPD-Leute, hielt einen Vortrag, der auszugsweise unter dem Titel »*Objekte des Mitleids oder Produktivkräfte*« auf meinem YouTube-Kanal anzusehen ist, bekam ein Abschiedsgeschenk und freute mich über den lukrativen Job. Ich verkaufte der Sozialbehörde praktisch meine Lebenszeit, ohne dass ich wirklich an die Dinge glaubte, die dort praktiziert wurden.

Als ich aber eines Tages nach Hause kam, empfing mich mein Vater mit der Nachricht, jemand von der politischen Stiftung, die mir mein Stipendium gegeben hatten, habe sich gemeldet – die Stelle des Leiters eines Regionalbüros im Bereich »Politische Bildung« sei ausgeschrieben und ich möge mich doch mal in Berlin vorstellen. Eine Mitarbeiterin hatte mich empfohlen. Er begleitete mich dann auch in die Bundeshauptstadt. Dort wurde mein Vater regelrecht genötigt, dem Vorstellungsgespräch beizuwohnen; dabei beobachtete er dann, dass mich der Gesprächsführer nicht anschauen konnte beziehungsweise sich wunderte, dass ich ihn nicht direkt anschaute. Mit meinen Augen jemanden zu fixieren, ist natürlich so gut wie unmöglich, wenn man nichts sieht. Dennoch machten wir uns mit einem guten Gefühl wieder auf den Rückweg nach Dithmarschen.

Während meiner Zeit in Hamburg hatte ich bereits angekündigt, den »Currywurstführer Schleswig-Holstein« veröffentlichen zu wollen. Meine Freundin und ich aßen und essen beide sehr gern Currywurst, dokumentierten unsere Vorliebe daher auch auf einer eigens eingerichteten Facebookseite und machten uns dann auch bald daran, ein Buchskript zu fertigen, das wir im gleichen books-on-demand-Verlag veröffentlichen wollten wie »*Optimismus für alle*« oder «*Die tierischen Reime*«. Auch der NDR interessierte sich für unser Tun und drehte einen Beitrag über unsere Facebookseite und mich für das Schleswig-Holstein-Magazin, der Anfang 2015 ausgestrahlt wurde. Meine Freundin wollte aus beruflicher Befangenheit lieber nicht im Fernsehen erscheinen. Die Likes für unsere Seite gingen durch die Decke. Das Handy meiner Freundin – ich selbst besaß noch kein Smartphone – zeigte die auflaufenden Gefällt-mir-Angaben fortwährend mit einem Klingeln an, bis es schließlich über zweitausend waren. Am 15. März 2015 war es dann endlich so weit. Das Skript wurde vom Verlag freigegeben und schon am ersten Tag gingen die Bestellungen durch die Decke.

Selten hatte ich mich bei einer Sache so wohl gefühlt, weil sie nun gar nichts mit Behinderung zu tun hatte. Den Imbissbetreibern nutzten wir auf diese Weise genauso wie der Landwirtschaft und dem Bewusstsein für Lebensmittel.

Immerhin verkaufte sich der Currywurstführer bis heute achthundert Mal. Durch das mediale Interesse gab ich Radiointerviews, trat noch zwei weitere Male im Fernsehen auf und lernte die Medienwelt weiter kennen.

Familienfoto von 2013

Jetzt ist es offiziell: Dr. rer. pol. Carsten Dethlefs.

Sollte mir nichts anderes übrig bleiben, als freiberuflich tätig zu werden? Ende 2014 hatte ich mich mit einem hochrangigen, mittlerweile im Ruhestand befindlichen Wirtschaftsfunktionär getroffen, den ich ebenfalls über die Stiftung kennengelernt hatte. Er eröffnete mir, dass ich trotz meines Doktortitels doch besser mein Geld verleben möge, um dann von staatlicher Unterstützung zu profitieren, weil der besondere Kündigungsschutz ein massives Einstellungshemmnis sei[15]. Das erklärte natürlich einiges. Ich erwiderte, dass ich jederzeit darauf verzichten würde. Er wiederum erklärte mir, dass ich das nicht könne. Es sei eine positive Diskriminierung, der ich unterläge. Nämlich, wenn ich auf den Kündigungsschutz verzichte, würde er für alle nicht mehr gelten. Das sei unsozial. Ich schluckte meine Verärgerung, so gut es ging, hinunter. So gut ging es aber nicht. Ich versuchte ihn in eine moralische Bringschuld zu manövrieren, damit er mir half, denn die Stiftung hatte zwischenzeitlich auch schon abgesagt. Zwar gab ich offensiv mein Missfallen zu verstehen, es schien aber nichts zu nutzen. Jener hochrangige Wirtschaftsfunktionär lud mich im Februar 2015 dann zunächst zu einem Altstipendiaten-Seminar

---

[15] § 85 SGB IX (alte Fassung) lautet zum Thema »Besondere Regelungen zur Teilhabe schwerbehinderter Menschen (Schwerbehindertenrecht) in Kapitel 4 – Kündigungsschutz: »Erfordernis der Zustimmung – Die Kündigung des Arbeitsverhältnisses eines schwerbehinderten Menschen durch den Arbeitgeber bedarf der vorherigen Zustimmung des Integrationsamtes.«
In der neuen Fassung steht in § 175 SGB IX: »Erweiterter Beendigungsschutz – Die Beendigung des Arbeitsverhältnisses eines schwerbehinderten Menschen bedarf auch dann der vorherigen Zustimmung des Integrationsamtes, wenn sie im Falle des Eintritts einer teilweisen Erwerbsminderung, der Erwerbsminderung auf Zeit, der Berufsunfähigkeit oder der Erwerbsunfähigkeit auf Zeit ohne Kündigung erfolgt. Die Vorschriften dieses Kapitels über die Zustimmung zur ordentlichen Kündigung gelten entsprechend.«

nach Hannover ein, bei dem vor allem Personaler anwesend waren. Dort fuhr ich dann auch gemeinsam mit meiner Freundin hin. Es war im Grunde nicht erstaunlich, heftig aber dennoch, dass keiner der Personaler wusste, wie blinde Menschen am Computer arbeiten und wer für diese Ausstattung bezahlt. Eine weitere Bestätigung meiner Thesen, aber natürlich auch ein weiterer Tiefschlag.

Am darauffolgenden Wochenende nahmen meine Freundin und ich ein Video auf, in dem ich zeige, wie die in ihren Grundzügen schon über dreißig Jahre alte Technologie funktioniert. Wir stellten das Video auf YouTube und waren gespannt, wie viele Aufrufe es bekommen würde. Es bekam nicht wenige, ein Klick-Hit wurde es aber bis heute nicht. Noch immer ist es unter dem Titel »So arbeiten blinde Menschen produktiv am Computer« abrufbar. Irgendetwas musste ich schließlich tun, um die Welt zumindest soweit zu verändern, dass ich mit ihr zurechtkam.

Als Reaktion auf meine vielleicht doch recht unwirschen Worte nach meiner Ablehnung durch die Stiftung kam man dort auf die Idee, dass ich doch Behindertenverbände für die politische Bildungsarbeit gewinnen könne. Dafür bekam ich zunächst einen Honorarvertrag. Natürlich war es weiterhin nicht das, was ich tun wollte, mittlerweile freute ich mich aber – ganz Wirtschaftswissenschaftler – über jeden Geldfluss.

Ich machte mich auch sogleich daran, Behindertenverbände in Nordrhein-Westfalen – das war die Maßgabe – zu kontaktieren und aufzulisten. Mittlerweile hatte ich mich schon fast damit abgefunden, nicht die Dinge tun zu dürfen, die ich eigentlich konnte und für die ich promoviert hatte. Ich nahm mir jetzt aber die Interpretationshoheit heraus, die Themen »Marktwirtschaft« und »Behinderung« zu kombinieren. Menschen mit Behinderung waren für mich nicht länger hoheitlich zu betreuende Personen, sondern zu erobernde Märkte. Diese Philosophie verkaufte ich auch so an die Stiftung. Bei einem weiteren Treffen der Altstipendiaten, bei dem meine Constipendiaten und ich unsere Promotionsthemen gegenüber Abgeordneten der Unions-Bundestagsfraktion und einigen Wissenschaftlern präsentieren sollten, nahm ich diese Philosophie dann auch auf und bekam großen Zuspruch. Ich sprach zudem davon, dass ich mich freuen würde, wenn wir über die Honorarverträge hinaus dieses Themenfeld verstetigen könnten. Nur kurze Zeit danach kam auch wirklich Bewegung in die Sache.

Am 1. November 2015 erhielt ich einen Zwei-Jahres-Vertrag, um genau diese Märkte zu erobern. Dafür musste ich nicht einmal umziehen – mir wurde der große Vertrauensvorschuss gewährt, von zuhause aus arbeiten zu dürfen. Aus den zwei Jahren wollte ich natürlich später noch mehr werden lassen.

Auf dieser Grundlage zogen meine Freundin und ich jetzt erstmal zusammen. Mein Vater hatte ein Haus in Heide gebaut, um im Alter von der Miete leben zu können und es an mich zu vererben. Aber jetzt wollte er es schon zu Lebzeiten an mich abgeben – meine Freundin und ich bezogen also unser erstes gemeinsames Heim.

In Heide nahm ich neben meiner Arbeit ohne Umschweife Kontakt zur Heider CDU auf; ich erhielt die Erlaubnis, an den Fraktionssitzungen teilnehmen zu dürfen, um später richtig mitmischen zu können.

So erkor ich auch das Thema »Politische Teilhabe für alle« als einen wichtigen Baustein für meine Arbeit bei der Stiftung. Ich erstellte eine Gliederung für eine Handreichung, kontaktierte einige, mir schon bekannte Behindertenverbände und bat die Interessenten, Beiträge zu diesem Thema zu verfassen, die ich zusammenfügte. Mittlerweile hatte ich Kontakte zu vielen Funktionären im Behindertensektor aufgenommen. Mein Ziel war, die Verbände mit der Stiftung zu verzahnen und somit auch deren Mitglieder für die

Ausrichtung des Thinktanks zu gewinnen. Meine Freundin, die sich mittlerweile mit einer Text- und Presseagentur selbstständig gemacht hatte, half mir dabei. Ich äußerte meine Strategie unter anderem bei diversen Mitarbeiterversammlungen und einer Klausurtagung, an der ich teilnahm. Meine Ideen wurden wohlwollend aufgenommen. Nachdem ich in der Handreichung alle Beiträge zusammengetragen hatte, die ich von den Funktionären der Behindertenverbände erhalten hatte – die jeweiligen Autoren erwähnte ich dann in den Fußnoten, sandte ich den Entwurf an meinen Vorgesetzten; mein Plan war, auf Grundlage dieser Handreichung später die Seminarveranstaltungen aufzubauen – denn dies war ja in erster Linie meine Aufgabe.

Nebenbei erfuhr ich nun durch die Behindertenbeauftragte der Stiftung, dass man für mich über einen Zeitraum von zwei Jahren – das war exakt meine vorläufige Vertragslaufzeit – eine Förderung von 100 % der Lohnkosten durch die Arbeitsagentur erhielt. Das Skript schlummerte und schlummerte, währenddessen bereitete ich ein Seminar zum Thema »Barrierefreiheit« im Dezember 2016 vor.

Dieses Seminar zog viele Teilnehmer an. Vielleicht hatte das auch damit zu tun, dass ich zuvor auf einer Veranstaltung des Sozialverbands Mönchengladbach eine Laudatio gehalten hatte, in der ich Werbung für die Stiftung und meine Veranstaltung machte. Ich erntete sehr viel Beifall. Es ging um politische und gesellschaftliche Teilhabe von Menschen mit Behinderung, und ich sprach davon, wie wichtig es sei, dass auch Menschen mit Behinderung politische Ämter bekleiden können. Also genau das Thema der Handreichung! Es dürfe, so sagte ich, keine Staatsbürger erster und zweiter Klasse geben.

Um mich möglichst breit aufzustellen, war ich erneut auf die Fachhochschule in Heide zugegangen, um das Fach »*Menschen mit*

Behinderung als Zielgruppe – Barrierefreiheit als Wettbewerbsvorteil« vorzuschlagen. Dieses Mal rannte ich offene Türen ein. Der Professor, der seinerzeit bereits meine Diplomarbeit betreut hatte, war dem Lehrthema gegenüber sehr aufgeschlossen und ermöglichte mir, das Thema als Lehrveranstaltung auszuprobieren. Diese Tätigkeit übte ich somit nebenberuflich aus. Das Fach wurde sehr gut angenommen, und nach einigen wenigen Eingewöhnungsproblemen lief es auch wirklich reibungslos.

Die Handreichung, auf der ich meine weiteren Aktivitäten bei der Stiftung aufbauen wollte, war indes immer noch nicht für gut befunden worden. Mittlerweile hatte ich sogar die expliziten Kontaktdaten der Autoren nachgereicht, damit man sich direkt mit ihnen abstimmen konnte. Jedoch nichts geschah.

Die Behäbigkeit der Stiftung und der Verbände wurde indes langsam wirklich zu einem Problem. Das Pensum an Seminaren, das mir auferlegt war, konnte ich auf diese Weise niemals erfüllen. Mein Vorschlag, eine Pressemitteilung herauszugeben, um Seminare für Menschen mit Behinderung anzubieten, wurde abgetan. Als es schon fast zu spät war, versuchte ich, mit einem neuerlichen Artikel in der Frankfurter Allgemeinen Zeitung das Thema in die Öffentlichkeit zu rücken. Im März 2017, kurz vor einem weiteren Seminar, das ich leiten sollte, erschien diese Abhandlung unter der Überschrift »Blind – Mehr als hunderttausend Deutsche sind blind. Viele schaffen es nicht, Arbeit zu finden. Einige wenige machen Karriere und pfeifen auf staatliche Fürsorge. Von Philip Plickert[16]«. Vordergründig wurde der Artikel von allen Seiten

---

[16] Da es sich bei dem Artikel ebenfalls um einen kostenpflichtigen Beitrag handelt, kann ich ihn hier nicht veröffentlichen; er ist unter dem folgenden Link abrufbar:
http://edition.faz.net/faz-edition/wirtschaft/2017-03-17/blind/330510.html

gelobt; hinterher wurde klar, dass die Stiftung kurz vor einer Landtagswahl große Angst bekam, waren meine Ausführungen doch wieder mal recht provokant geraten. Da ich jedoch ohnehin nicht damit rechnete, dass mein Engagement verlängert werden würde, war mir das egal.

Im Juli 2017 fand dann auch endlich ein Gespräch statt; Teilnehmer waren mein Vorgesetzter, die Schwerbehindertenvertreterin, die wegen Krankheitsgründen zehn Monate ausgefallen war, und meine Wenigkeit. Anlass war im Grunde nur, mir mitzuteilen, dass mein Vertrag nicht verlängert würde. Ich möge in den verbleibenden Monaten aber doch bitte die Handreichung noch fertigstellen. Was mich insbesondere schmerzte, war die Nichtbeachtung meiner Vorschläge und Anstrengungen, nicht so sehr das Auslaufen des Vertrags. Wie sich herausstellte, hatte mein Vorgesetzter bis zum Schluss nicht begriffen, dass nicht ich der Verfasser der Handreichung war, sondern verantwortliche Funktionäre in den Behindertenverbänden, die mindestens zehntausend Mitglieder repräsentierten. Ich legte nochmals Hand an das Papier an und sandte es nochmals an meinen Vorgesetzten.

Nichtdestotrotz bin ich dieser Stiftung im Großen und Ganzen sehr dankbar. Zum einen hat sie mir durch das Stipendium ermöglicht, meine Doktorarbeit zu schreiben. Und zum anderen war sie – wenngleich die Arbeitsabläufe in diesem Unternehmen mit Sicherheit von jedem Unternehmensberater scharf kritisiert werden würden – immerhin mutiger als jeder andere Arbeitgeber.

Ich nahm also meinen Resturlaub, feierte meine Überstunden ab und wandte mich neuen Aufgaben zu, insbesondere der Bewerbung um ein Direktmandat bei der Kommunalwahl in Heide.

Ich musste mich also anderswo um eine Anstellung bemühen, bewarb mich in Hamburg bei Kühne & Nagel und wurde auch dort zum Vorstellungsgespräch geladen, leider aber nicht eingestellt. Über den Kontakt meiner Freundin bekam ich die Gelegenheit, mich bei einem Flensburger Unternehmen zu empfehlen, das barrierefreie Verkehrsinfrastruktur beziehungsweise entsprechende Hilfsmittel entwickeln wollte. Der Haken an der Sache war nur, dass sie kein Geld hatten. Mir kam die Förderung in den Sinn, die auch die Stiftung kassiert hatte, und ich machte die Firma auf diese Möglichkeit aufmerksam. Voller Hoffnung, dort bald arbeiten zu können, beriet ich sie auch schon einmal zaghaft hinsichtlich der Barrierefreiheit ihrer Website und konnte arrangieren, dass die Behindertenbeauftragte der Stiftung das Unternehmen netterweise bei der Bürokratie beriet. Trotzdem wurde letzten Endes nicht genügend Geld bewilligt, als dass ich dort hätte anfangen können. Die Möglichkeit, das Integrationsamt hinzuzuziehen, hatten wir nämlich außer Acht gelassen.

Folgende Mail erreichte mich im Februar 2018:

»Dear Carsten,
We have tried every way to find the funding for our project but unfortunately the labour agency and others we have tried don't seem able to help. I therefore don't think that we are able to take things forward. It is a real pity but we don't have the resources to go much further at this stage. The project was definitely interesting and was a totally new and speculative departure for the business.
It has been a pleasure discussing this with you and I am sorry that nothing came of it. We have tried our best. If the situation changes and if we find any other funding sources I will get in touch.
Thank you«

Das Problem liegt aus meiner Sicht darin, dass diese Förderung Begehrlichkeiten weckt und den Arbeitgeber nicht zwingt, sich in Zeiten von massivem Fachkräftemangel intensiv mit behinderten Bewerbern auseinanderzusetzen. Außerdem ist die Förderung natürlich nie hoch genug. Als Unternehmer muss man sich dann zwischen bürokratischen Beantragungswegen und dem schnellen operativen Vorankommen entscheiden.

So hielt ich im Wintersemester 2017/2018 erneut meine Vorlesung in Heide, bereitete mich auf den Wahlkampfendspurt vor und stellte meine Suche nach einer sozialversicherungspflichtigen Beschäftigung vorerst ein. Verarschen kann ich mich schließlich allein.

Stattdessen freundete ich mich mit dem Gedanken an, mich mit einem Coaching-Unternehmen zum Thema »Barrierefreiheit als Wettbewerbsvorteil« selbstständig zu machen. Die Welt musste unbedingt davon erfahren, dass auch Menschen mit Behinderung Leistung erbringen können, dass es immer mehr technische Hilfsmittel gibt, die einer behinderten Person ermöglichen, adäquat und effizient zu arbeiten, und dass der Wirtschaft ein unglaubliches Potential durch die Lappen geht, wenn sie diese als Arbeitskräfte oder als Kunden weiterhin ignorieren.

Auch politisch engagierte ich mich weiter stark für meine Heimatstadt. Ich kandidierte und gewann meinen Wahlkreis bei der Kommunalwahl; ich wurde zum zweiten stellvertretenden Bürgervorsteher ernannt und fühle mich seither sehr wohl. Ich konnte beweisen, dass es keine Staatsbürger erster und zweiter Klasse gab oder geben musste. Ich hatte mich auf dem politischen Markt durchgesetzt und konnte endlich etwas für meine Geburtsstadt von politischer Seite aus tun. Dieses bestätigte auch meine Annahme, dass es eher zu wenig Marktwirtschaft im Umgang mit dem Thema »Behinderung« gibt als zu viel. Ich bin meinen Wählerinnen und Wählern sehr dankbar, da sie vermutlich zumindest ein Stück weit einen Schritt ins Ungewisse gewagt haben, besonders diejenigen, die mich vorher noch nicht persönlich kannten. Der CDU Heide bin ich sehr dankbar, dass sie mich bei der Kommunalwahl 2018 aufgestellt hat und dadurch ihr Vertrauen in mich bewies.

Ich möchte den Leserinnen und Lesern dieses Buches zurufen: Lassen Sie uns wieder mehr Marktwirtschaft wagen!

Mit der Politik diskutiere ich dieses Thema bereits. So schrieb ich 2018 den Bundesarbeitsminister an und unterbreitete ihm einen Vorschlag zur Flexibilisierung des besonderen Kündigungsschutzes für Menschen mit Behinderung, also den Inhabern der eigenen Arbeitskraft. Schließlich heißt es »Alle Räder stehen still, wenn Dein starker Arm es will« – das Sprichwort betont, dass die Arbeitskraft Eigentum eines jeden ist, weshalb man auch die Konditionen bestimmen können sollte, zu denen man seine Arbeitskraft auf dem Markt anbietet.

Mein Anschreiben lautete wie folgt:

Sehr geehrter Herr Bundesarbeitsminister,
mein Name ist Carsten Dethlefs. Ich bin promovierter Wirtschaftswissenschaftler und seit meinem vierten Lebensjahr vollständig erblindet.
Ich schätze den Enthusiasmus, mit dem Sie an die Umsetzung Ihrer Gesetzesvorhaben gehen.
Einen wichtigen Punkt vermisse ich jedoch in Ihrer Agenda. Es handelt sich hierbei um die Flexibilisierung des besonderen

Kündigungsschutzes für Menschen mit Behinderung. Nach sozialdemokratischer Lesart sind doch die Arbeitnehmer Besitzer ihrer Arbeitskraft, die sie auf dem Markt anbieten. Durch den besonderen Kündigungsschutz sind sie aber nicht frei, diese »Ware« so anzubieten, wie sie es für richtig halten. Folgen sind Arbeitslosigkeit, Schwierigkeiten bei der Finanzierung eines Eigenheims, Abhängigkeit, Armut und gesellschaftliche Ausgrenzung. Aus diesem Grund schlage ich vor, den Arbeitgebern die Wahlmöglichkeit zu lassen, ob sie tatsächlich eine 100%ige Förderung bei Einstellung eines Menschen mit Behinderung möchten, oder ob ihnen die flexible Handhabung der Beschäftigung im Hinblick auf erleichterte Kündigungsmöglichkeit wichtiger ist.

Bei der Aufzählung der Gruppen, die zur Behebung des Fachkräftemangels herangezogen werden können, haben Sie gestern richtigerweise Frauen und Zuwanderer genannt. Menschen mit Behinderung tauchten jedoch nicht auf. Hier muss ein Umdenken stattfinden. Ich zähle darauf, dass Sie auch hier so hartnäckig und enthusiastisch ans Werk gehen wie bei anderen Vorhaben. Zur Veranschaulichung der Probleme auf dem Gebiet des Arbeitsmarktes für qualifizierte Menschen mit Behinderung sehen Sie auch den folgenden Artikel:
http://www.welt.de/politik/deutschland/article10297760/Man-kann-doch-mehr-als-nur-blind-zu-sein.html
Mit besten Grüßen,
Carsten Dethlefs

Die Antwort ließ nicht ewig lang, aber schon einige Zeit auf sich warten; immerhin schien ein Schuldbewusstsein aufgrund der Verzögerung aber schon vorhanden zu sein. So lautete die ministerielle Erwiderung wie folgt:

Sehr geehrter Herr Dethlefs,
vielen Dank für Ihre E-Mail vom 26. April 2018 und Schreiben vom 4. Mai 2018 an Herrn Bundesminister, in denen Sie auf den beson-

deren Kündigungsschutz für Menschen mit Behinderung eingehen. Ich wurde gebeten, Ihnen zu antworten.

Zunächst einmal möchte ich mich entschuldigen, dass es aufgrund hohen Arbeitsaufkommens mir erst jetzt möglich ist, Ihnen zu antworten, und bedanke mich auch für Ihre Geduld.

Der besondere Kündigungsschutz ist Teil eines Systems, zu dem auch die Beschäftigungspflicht, die Ausgleichsabgabe und die besonderen Leistungen der Agenturen für Arbeit und der Integrationsämter zur Förderung der Beschäftigung schwerbehinderter Menschen gehören. Dieses System insgesamt zeigt positive Wirkungen:

1. Im Jahr 2016 waren bei den beschäftigungspflichtigen Arbeitgebern rund 1.051.000 schwerbehinderte Menschen beschäftigt. Das ist ein Zuwachs um rund 47 % gegenüber dem Jahr 2002, in dem das heutige System der gestaffelten Ausgleichsabgabe eingeführt wurde. Die Zahl der bei nicht beschäftigungspflichtigen Arbeitgebern beschäftigten schwerbehinderten Menschen wird nur alle 5 Jahre erhoben. Sie lag im Jahr 2015 bei rund 168.000 gegenüber rund 138.000 im Jahr 2010. Mit einer Zahl von insgesamt über 1,2 Mio. waren damit in 2016 so viele schwerbehinderte oder diesen gleichgestellte Menschen sozialversicherungspflichtig beschäftigt wie noch nie.

2. Die Zahl der schwerbehinderten Menschen in Beschäftigung ist von 3,8 % (2002) auf 4,7 % (2016) gestiegen. Damit ist die gesetzliche Zielquote von 5 % noch nicht erreicht, aber die Tendenz ist positiv.

3. Die Zahl beschäftigungspflichtiger Arbeitgeber, die keinen schwerbehinderten Menschen beschäftigen ist von 58.219 (2002) auf 40.925 (2016) gesunken. Auch dies ist positiv.

4. Aktuell waren im April 2018 158.221 schwerbehinderte Menschen arbeitslos. Das sind 5.421 oder bzw. rund 3,3 % weniger als im April 2017 (163.642).

Dies zeigt, dass das System von Beschäftigungspflicht und gestaffelter Ausgleichsabgabe Wirkung zeigt. Aus diesem Grund können

Ihre angeregten Änderungen hinsichtlich einer Flexibilisierung des besonderen Kündigungsschutzes nicht in Aussicht gestellt werden.
Mit freundlichen Grüßen
Im Auftrag

Trotz dieser unbefriedigenden Antwort ließ ich nicht locker und schrieb die »Gesellschaft für Freiheitsrechte« an, bei der es sich um einen Zusammenschluss von Juristen handelt, die die Freiheitsrechte der Bürgerinnen und Bürger verteidigen möchte. Meine Hoffnung war, dass hierzu auch meine individuellen Freiheitsrechte zählten. Doch weit gefehlt: Den Mailverkehr können Sie im Folgenden nachlesen.

Sehr geehrte Damen und Herren,
mein Name ist Carsten Dethlefs. Ich bin promovierter Wirtschaftswissenschaftler, Roman- und Sachbuchautor und seit meinem vierten Lebensjahr vollständig erblindet. Trotz meiner unter erschwerten Bedingungen erreichten hohen Qualifikation hatte und habe ich es äußerst schwer auf dem normalen Arbeitsmarkt. Als Grund hierfür wird fast ausschließlich der besondere Kündigungsschutz genannt, dem behinderte Menschen unterliegen und auf den sie nicht einseitig verzichten können (positive Diskriminierung). Meine Frage ist: Geht das wirklich nicht und würde mich dieses Netzwerk bei einer möglichen Klage kostenlos unterstützen?
Alle Informationen über mich finden Sie zudem hier:
www.Carsten-Dethlefs.de
Ich freue mich, von Ihnen zu lesen.
Beste Grüße und auf bald,
Carsten Dethlefs

Die Antwort kam in diesem Fall recht zügig; sie lautete wie folgt:

Sehr geehrter Herr Dethlefs,
vielen Dank für Ihre E-Mail. Wir fühlen mit Ihrem Anliegen mit, sehen aber nach einer internen Prüfung keinen Hebel, wie wir Ihnen mit juristischen Mitteln helfen könnten:
1. Das Problem ist politischer sowie betrieblicher, nicht grundrechtlicher Natur. Der besondere Kündigungsschutz soll nach der Konzeption des Gesetzgebers die Rechte behinderter Menschen stärken. Eine Rechtserweiterung ist grundrechtlich nicht angreifbar. Das Problem scheint uns darin zu liegen, dass die Politik bei der Schaffung dieses besonderen Schutzes nicht so weit gedacht hat, dass er Anreize für eine Benachteiligung behinderter Menschen setzt, indem Betriebe von einer Einstellung abgeschreckt werden. Es läge am Gesetzgeber, hier nachzubessern; diese Nachbesserung würde sich ein Gericht nicht anmaßen, auch nicht das Bundesverfassungsgericht. Das größere Problem ist aber sicher das Verhalten der Betriebe. Auch wenn das überhaupt keine schöne Aussicht ist und Sie sich darüber sicher auch schon Gedanken gemacht haben – die Verweigerung einer Einstellung allein mit dem dann »drohenden« besonderen Kündigungsschutz zu begründen, ist nach unserem Eindruck rechtswidrig und Sie könnten in solchen Fällen auf Schadensersatz klagen, ggf. auf Grundlage des AGG (Allgemeines Gleichbehandlungsgesetz) – allerdings sind wir hier keine Experten.
2. Wir hätten keine vernünftige Klagestrategie. Wenn Sie einen Vertrag mit einem Unternehmen unter Aufnahme eines Verzichts auf den besonderen Kündigungsschutz abschließen, hätten Sie keine Möglichkeit, die Wirksamkeit des Verzichts im Vorhinein gerichtlich überprüfen zu lassen. Das ginge frühestens, wenn Ihnen später einmal gekündigt würde. Dann wären Sie aber in der Position, dass Sie vor Gericht dafür streiten müssten (oder sich zumindest nicht dagegen zur Wehr setzen dürften), dass Ihre

Kündigung trotz besonderem Kündigungsschutz wirksam ist. Ihr Arbeitgeber wiederum müsste sich darauf verlassen, dass Sie ihn dann auch wirklich unterstützen. Das ist keine vernünftige, zumal keine proaktive, vorbeugende Klageführung, die Ihnen weiterhelfen würde, weil sie dem Arbeitgeber nicht die Sicherheit gibt, die er offenbar wünscht. Das ist unabhängig von dem Problem, dass wir – wie unter 1. dargelegt – wohl keinen rechtlichen Anknüpfungspunkt für die Wirksamkeit des Verzichts auf den Kündigungsschutz hätten.

Es bleibt deshalb nur, auf eine Änderung des Gesetzes hinzuwirken, wenn Sie das denn für richtig halten, oder sich gegen Diskriminierungen von Unternehmen, bei denen Sie sich bewerben, zur Wehr zu setzen.

Es tut uns leid, dass wir Sie nicht weiter unterstützen können.

Mit freundlichen Grüßen

Ich fühlte mich jetzt vollends als Teil eines sozialistischen Idealstaats, in welchem ich die Verfügungsgewalt über meine Arbeitskraft abgegeben hatte. Die Verarschung nahm kein Ende. Daraufhin antwortete ich deshalb erneut:

Sehr geehrte Damen und Herren,
haben Sie vielen Dank für Ihre Antwort. Der Gesetzgeber ist am Zug, scheut sich aber natürlich aus Angst vor unsozialer Abstempelung.

Es ist doch aber eines Rechtsstaates nicht unbedingt würdig, dass man zwar verständlicherweise seine Freiheit nicht veräußern kann, seine Unfreiheit aber auch nicht. Es geht doch auch gegen die Vertragsfreiheit, oder?

Beste Grüße und auf bald,
Carsten Dethlefs

Auch das Argument von Yuval Noah Harari, dass die künstliche Intelligenz zukünftig ohnehin viele Arbeiten ersetzen wird, lasse ich für mich nicht gelten. Die gedanklichen Pirouetten, die ich für gewöhnlich veranstalte, kann so leicht kein Roboter imitieren. Wirtschaft ist halt eine Disziplin, die viel mit Menschen zu tun hat und folglich kaum so standardisierbar ist, dass ein Algorithmus an die Stelle von Menschen treten kann.

Es ist eigentlich typisch, dass vor allem die quantitativen Gesichtspunkte in den Vordergrund gerückt werden, also die Argumente, die auf eine Verschönerung der Statistik aus sind. Ob die Arbeit zu den Qualifikationen passt, wird nicht gesagt. Es herrscht hier somit die altbekannte Streitfrage zwischen einer quantitativen und einer qualitativen Sichtweise vor. Ich hätte mich auch nicht beschwert, hätte ich nicht so viel Energie in meine Qualifikation gesteckt. Im vollen Bewusstsein, immer besser als andere sein zu müssen, habe ich jedoch – und es mag vielen Menschen in ähnlichen Situationen genauso gehen – den ganz überwiegenden Teil meiner Energie in mein persönliches Fortkommen gesteckt. Die Motivation wurde freilich von Misserfolg zu Misserfolg nicht größer.

Mein Wahlplakat in der Süderstraße in Heide.

C. Dethlefs; A. Henkel

Currywurstführer Schleswig-Holstein
Die Wurst zwischen den Meeren

tredition®

Mein ganzer Stolz – der Currywurstführer.

Kapitel 8 – Kaum zu glauben

> *»Nachdem der Behindertenmord der Nazis auch von Begriffen wie ›schöner Tod‹ oder ›Gnadentod‹ begleitet wurde, sollte selbst bei gering entwickeltem Geschichtsbewusstsein die ursprüngliche ›positive‹ Bedeutung des Wortes ausgedient haben. Euthanasie bedeutet faktisch Massenmord. Wer die Naziopfer unterschiedlich bewertet, verhöhnt die Euthanasieopfer und macht letztendliche unterschiedliche Wertungen von Menschenleben wieder salonfähig.« (Franz Christoph 1990, Tödlicher ZEIT-Geist. Ich protestiere gegen die Zeit. In: Behindertenpädagogik, 28, 1989.)*

Dieses Zitat des einstigen Behinderten-Aktivisten und späteren Mitbegründer der Krüppelbewegung Franz Christoph zeigt nur allzu gut, wie heute mit dem Thema »Behinderung« auch in biomedizinischer Hinsicht umgegangen wird.

Der Film »*24 Wochen*«, der im Jahr 2016 von einer jungen Regisseurin als Abschlussarbeit ihres Studiums gedreht wurde, thematisiert das Phänomen der Spätabtreibung, also eines Schwangerschaftsabbruchs, der auch nach den eigentlich gesetzlich vorgeschriebenen zwölf Wochen möglich ist, wenn eine Behinderung vorliegt. Nun können Behinderungen des Embryos dank der modernen Medizin ja schon recht früh festgestellt werden. Dennoch kommt es in diesem Film zu einem Spätabbruch und der Bemerkung der Hauptprotagonistin »Es war wohl nicht ganz richtig, aber auch nicht ganz falsch«. 2018 wurde dieser Film im öffentlich-rechtlichen Fernsehen gezeigt, was mich sehr aufregt. Wer sich diesen Film anschaut, muss sich auf einiges gefasst machen. Ich konnte zumindest hinterher kaum schlafen. Umso mehr befriedigt es mich, das Thema in diesem Zusammenhang auf Papier zu bannen.

Hingegen begeisterte mich, wie bei einer Wahlsendung im Vorwege der Bundestagswahl 2017 ein Mädchen mit Trisomi21 die Kanzlerin auf Spätabtreibungen ansprach und Angela Merkel sichtlich unbeholfen wirkte. Dieses Thema muss nach meiner Meinung viel mutiger und offensiver in der Öffentlichkeit diskutiert werden.

Wie fühlt sich ein Mensch mit einer im Mutterleib erworbenen Behinderung, der nicht abgetrieben wurde, der jedoch mitbekommt, dass es gang und gäbe ist? Wie fühlt sich ein Mensch, der seine Behinderung nach der Geburt erwirbt – so wie ich im Alter von vier Jahren – bei dem Gedanken, dass man ihn vorgeburtlich bei Feststellen der Behinderung hätte töten können? Hier von einem Staatsbürger mindestens der zweiten Klasse zu reden, scheint mir sehr angebracht.

Kapitel 9 – Fürs Betteln nicht vorbestraft

Liebe Leserin, lieber Leser,

ich habe Sie auf den vergangenen Seiten auf den Weg durch meine Gedankenwelt und mein bisheriges Leben mitgenommen und wäre glücklich, wenn ich Sie dabei nicht gelangweilt habe.

Wie Sie hoffentlich erkennen konnten, bin ich trotz meines Handicaps ein Mensch, der genauso anders ist wie alle anderen auch. Die Tatsache, dass ich nichts sehen kann, hielt und hält mich nicht davon ab, genau die Dinge zu tun, die alle anderen auch tun, nämlich in die Hände zu spucken und voranzukommen. Störend sind allein die Berührungsängste, Vorurteile und Kategorisierungen einiger Mitmenschen.

Letztlich kann man sagen, dass ich als Mensch mit Handicap oder – wie ich mir heute angewöhnt habe zu sagen – Mensch mit »Special Needs« in einem äußerst konservativen Milieu aufgewachsen bin und sehr gut zurechtkam. Die bevormundenden Eingriffe von außen habe ich hingegen eher als störend wahrgenommen.

Liebes Schicksal, liebe Unternehmer, liebe Politik, liebe Behindertenverbände, liebe Öffentlichkeit

Sie alle hatten jetzt die Möglichkeit, Anteil an meinem Leben zu haben. Sie haben gesehen, dass ich trotz härtester Niederschläge immer wieder aufgestanden bin, und können vermuten, dass ich es auch künftig tue. Die Frage ist nur: Wollen wir gemeinsam an einem Strang ziehen oder soll ich andere Register zum Einsatz bringen? Natürlich brauche ich als Mensch mit

Special Needs bei der einen oder anderen Sache Unterstützung. Eines kann ich aber ganz gewiss allein: Ich kann mich selbst verarschen. Dazu brauche ich Sie nicht.

Ich werde auch künftig niemals aufgeben, um für Menschen mehr herauszuholen., wenn sie Gefahr laufen, unter ihren Möglichkeiten zu bleiben. In Zeiten unterschiedlichster technischer Möglichkeiten ist der Zeitpunkt einer neuerlichen emanzipatorischen Behindertenbewegung gekommen, die man allerdings nicht so nennen sollte.

Die hier geschilderten Ereignisse haben sehr wohl Narben auf meiner Seele hinterlassen. Das Gute an Narben ist aber, dass sie nach einer Zeit für eine gewisse Schmerzunempfindlichkeit sorgen.

Nun ist es immer einfach zu meckern. Schwieriger wird es schon, wenn man seiner Kritik einen positiven Entwurf gegenüberstellen möchte. Genau das möchte ich aber auf Grundlage meiner persönlichen Erfahrungen und meines ordnungspolitischen Leitbildes in diesem abschließenden Kapitel tun.

Wie also kann Inklusion gelingen? Und welche ordnungspolitischen Leitlinien sollten wir künftig stärker beachten, um der anonymen Kollektivierung zu entgehen und die zwischenmenschliche Zuneigung und Hilfsbereitschaft zu stärken, von der ich einst sehr profitierte?

Wie deutlich geworden sein sollte, bin ich ein Dezentrist, also kein Freund einer anonymen großstädtischen Massengesellschaft. Sicherlich liegt das an meiner dörflichen Sozialisation. Ich begründe meine Vorliebe aber auch stets mit der Selbsthilfegesellschaft, also einem ordnungspolitischen Element, das der Sozialen Marktwirtschaft vorgelagert war.

Wie ich es in den Dithmarscher Thesen zum Ausdruck gebracht habe, kann und muss man sich in kleinen Einheiten sehr viel stärker selbst und gegenseitig helfen als in Großstädten. Die Konsumentenmentalität der Menschen ist weit weniger ausgeprägt als in Millionenmetropolen. Wenn man etwas erleben oder nach eigenen Vorstellungen verbessern möchte, muss man selbst aktiv werden. Das ist in verhältnismäßig kleinen Einheiten sehr viel leichter möglich als in großen anonymen Gemeinwesen.

Von diesem Bewusstsein geprägt, bin ich ein großer Freund der Eigeninitiative. Man ist gehalten, seine eigenen Ressourcen auszuschöpfen, bevor man sich in langwierige Klageverfahren und Selbstmitleid verliert. Der Weg, wie ich meine Schullaufbahn startete und die Blindenschrift erlernte, mag hier exemplarisch sein.

Um aber alle eigenen Kräfte ausschöpfen zu können, bedarf es der Bestimmungshoheit über die eigenen Ressourcen, die beispielsweise der besondere Kündigungsschutz in seiner jetzigen Form verhindert. Eine spezielle Förderung von Existenzgründern mit Handicap wäre da viel sinnvoller, um die entsprechenden Ressourcen auszuschöpfen. Diese besteht aktuell allenfalls in der finanziellen Übernahme der Kosten für Assistenzleistungen durch das Land. Ist man angestellt tätig, muss man ab einer gewissen Zuverdienstgrenze diese selbst bezahlen; ist man selbstständig tätig, erhält man diese Assistenzleistungen ohnehin erst ab einer bestimmten Einnahmegrenze. Die Assistent kompensiert schließlich die fehlende Fähigkeit, die nicht zurückkommt, ganz gleich, was man verdient.

Dabei wäre vieles leichter, wenn man sich einmal mit richtigen Zahlen befassen könnte. Die Zahl der in Deutschland lebenden blinden Menschen wird aktuell allenfalls geschätzt.

Auch die Kategorisierung und Interpretation bestimmter Lebensverhältnisse macht einiges schwieriger. Es macht einen nicht unwesentlichen Unterschied, in welchem Alter man erblindet und über welches soziale Gefüge man im unmittelbaren Umfeld verfügt.

Ich möchte daher im Folgenden einige Thesen aufstellen, die bei einer ernst gemeinten Handhabung des Wortes »Inklusion« hilfreich sein werden.

1. Selbstbestimmung

Die Selbstbestimmung über die eigenen Ressourcen und Lebensentwürfe ist essentiell für jedermann. Sie muss auch für Menschen mit Special Needs gelten.

2. Jeder Mensch ist anders

Behinderung ist eine ganz schlechte Klammer, um Personen in Gruppen einzuteilen. Als Mitglied einer bestimmten Gruppe mag man häufiger ähnliche Special Needs haben als mit den Mitgliedern einer anderen Gruppe. Aber auch hier sind die Menschen vollkommen unterschiedlich.

3. Keine Staatsbürger erster und zweiter Klasse

Jeder Mensch muss, so gut es geht, für die eigenen Rechte einstehen können. Daher heißt das Motto der Stunde »Befähigen statt bevormunden«. Der Staat darf genauso wenig entscheiden, wie er wem hilft, wie die einzelnen Verbände.

4. Ernst nehmen statt auslachen

So manche Reaktion oder Bemerkung eines Menschen mit Special Needs mag für nicht betroffene Menschen merkwürdig erscheinen. In den meisten Fällen steckt aber ein seriöser Kern dahinter.

5. Nicht über uns, sondern mit uns reden

Reden Sie niemals über Menschen mit Special Needs, die gerade anwesend sind, ohne mit ihnen zu reden.

Menschen mit Special Needs sind immer mehr als nur ihr eigenes Handicap. Reduzieren Sie diese Menschen nicht nur auf das, was sie nicht können, sondern gestehen Sie ihnen zu, ganz normale Menschen zu sein, die eben in bestimmten Situationen Hilfe benötigen.

6. Freiheit statt nur Sicherheit

Gestehen Sie den Menschen mit Special Needs zu, dass ihnen möglicherweise die positive Freiheit wichtiger sein kann als die erdrückende und bevormundende staatliche Sicherheit.

7. Akzeptanz

Lernen Sie, einen Menschen mit Special Needs als Chef zu akzeptieren. Gemeint sind nicht nur Assistenten, die gemeinhin als Mitarbeiter von Menschen mit Special Needs angestellt werden können. Menschen mit Special Needs können durchaus Abteilungsleiter, Unternehmenslenker oder Seminarleiter sein.

8. Scheuen Sie nicht die Ehrlichkeit gegenüber Menschen mit Special Needs

Haben Sie im Alltag keine Angst davor, Menschen mit Special Needs ehrlich zu begegnen. Eine konstruktive Ehrlichkeit, um ggf. Missverständnisse aufzuklären, ist in den allermeisten

Fällen besser als fadenscheinige Ausreden. Der Betroffene merkt es sowieso.

9.   Keine Inklusion mit Inklusion – weg damit!

Strapazieren Sie das Wort »Inklusion« nicht über. Die Anwendung des Wortes »Inklusion« auf Menschen mit Special Needs kann wie ein Stigma wirken. Denn nur, wer sich nicht inkludiert fühlt, könnte dieses Schlagwort einfordern. Es ist jedoch das Ziel, genau dieses Wort überflüssig zu machen. Lassen Sie das Wort »Inklusion« überflüssig werden. Man braucht es genauso wenig wie das Wieselwort »sozial«. Jeder, der es ehrlich meint, wird Inklusion leben und nicht darüber sprechen.

10.   Entspannt Euch!

Dies sei als letzte und vielleicht wichtigste These an alle Seiten herangetragen. Es ist alles gar nicht so schwer, wie man denken mag. Wichtig ist allein, Menschen mit Special Needs einen Wert zuzumessen, aus dem ein gefühlter Selbstwert entstehen kann. Auch aus diesem Grund sehe ich Barrierefreiheit vor allem als eine Form der Kundenorientierung an; es ist nichts, worum man betteln müssen sollte.

Und an die Betroffenen selbst gerichtet sei gesagt: Ihr entspannt euch bitte erst recht! Die besten Lösungen liegen oftmals neben den ausgetretenen Pfaden. Bürokratie und der Streit mit Sozialbehörden sind manchmal unumgänglich, haben aber wohl das größte Frustrationspotential, das man sich vorstellen kann.

Bedenkt dabei immer: Habe keinen Herrn über Dir und keinen Knecht unter Dir! Und gebt niemals auf, denn fürs Betteln sind wir nicht vorbestraft!